99％の人が
速くなる走り方

平岩時雄 Hiraiwa Tokio

★――ちくまプリマー新書
298

目次 * Contents

イラスト　高村かい

はじめに

はじめまして。ボクはプロのスポーツコーチです。動くこと、走ることを中心に全国の選手や指導者たちを指導しています。

ボクは小学校から中学校までずっと剣道をやっていました。毎日部活の練習があって、とにかく練習、練習、練習……。練習はあまり好きではなかったけれど、たくさん練習をしたなぁ。

自分から走るようになったのは、いつからだろう?

市川第四中学校三年の夏、県大会団体ベスト8決定戦で負けた帰りのバスで、顧問の先生がこちらを向いた。その瞬間、敗退の原因を作ったボクが怒られる、と思いました。ところが先生は「平岩、お前は陸上部に向いてるぞ」と笑いながら話してくれたのです。

ふだん、外練習や授業でのボクを見て、こいつは陸上で成功するだろう、と思ってくれていたのです。そのころボクは高校に入学したら「陸上部で走りたい！」と内心思っていたので、先生が背中を押してくれたように感じてとっても嬉《うれ》しかったのを覚えています。

船橋東高校に進学をし、ボクは陸上部に入部しました。入部した最初の日の練習は、1周200mのトラックを「50周走れ！」でした。いきなり最初に走らされたのです。今でも鮮明に覚えています。

命じたのは3年生。新入生のボクからはみんなオッサンに見えました。その先輩たちの命令は絶対でした。ただひたすら50周走らされて、疲れただけだな、と思いました。ほかに何の感情もなく部活の最初の1日が終わって、トボトボひとりで帰ろうとした時です。顧問の先生から「君はバネのある走りをするな！」とグランド上の階段で声をかけられました。とても嬉しい一言でした。

よしやるぞ！　と。その日からボクの、「走る」ことをモチーフにした長い長い人生がスタートしたのです。

走る練習は、すべての競技にとって有益ですが、単に競技を楽しみたい、という人には不向きかもしれません。ボールを投げるのが好き、球を打つのが楽しい、来たボールをシュートしたら気持ちいい、バドミントンで打ち合っていられれば楽しい、など、仲間と一緒に好きなことが出来る、というスポーツ本来の楽しさがあります。

あなたのチームは、楽しめればそれでいい？　それとも競技的な側面（勝ちたい！）を求めたい？　まず、そこを話し合ったり、考えたりすることが大切です。

走ることは、皆さんの身体に有効な刺激を与えます。走る内容によって、スピードや力強い出力や耐久性など、多くの能力が育《はぐく》まれます。もう少し頑張りたいんだ、という思いがあるなら、走りましょう。

ボクはこの本の中で、もしかしたら部活などで「走らされている」皆さんに、走るのは素晴らしくいいよ！　という理由と、こんな走り方を覚えるとすごく速くなるんだよ！　もっとこういうところも頑張るとすごくいいよ、というプラスα《アルファ》を伝えたいと思っています。

せっかく走るんだから、どうして走ることが良いのか、何となくでもいいから感じてくれたらいいなと思います。

また、99%の人が速くなる、と銘打《めいう》っていますが、概《おおむ》ね高校生以上の人を対象として50m走が速くなることを想定しています。この99%というのは大袈裟《げさ》ではありません。

というわけで、部活において「走る」メリットと、「走らされる」デメリットをお伝えします。え？　メリットだけじゃないの？　と思ったでしょうか？　もちろんデメリット、つまりマイナス面もあります。

ボクのクライアント（仕事相手）であるプロ野球選手と話をしたら、プロ野球界でもこのマイナス面を抱えた選手が大半だそうです。練習や行動など、ほとんどやらされるがゆえに、自分の選択肢や感覚を持たない、というのです。これは大きな問題です。体重を増やす、あるいは筋力がつくことばかりを優先して、工夫をしたり自問自答してみる、という習慣がない人が多いようです。そこで本書は皆さんへのヒントとして、身体は大きくないけれど技術的に優れている人に、自分の身体の動き方を理解し、進めていけるようにしました。

もちろん、一番大切なのは、走り方を伸ばすことです。

部活で走るのは素晴らしくいいことです。

さらに走り方をよくすると、バネがつき、スピードがあがり、どんどんプレーが速くなっていきます。最初はちょっと苦労するかもしれませんが、まずはやってみてください。すごく面白いですよ！

走ることを通して、どうやったらアンテナを立てて、自分を見つめられるのか、を一緒に考えていきたいですね。

第一章　走ることは全てのスポーツの基本

スポーツは相手とのスピードが勝負

あなたは、どんなスポーツをやっているのでしょうか？　部活には様々なスポーツがあって、選ぶのに困った人もいるのではないですか？

スポーツの区分にも、いろいろあります。武道とスポーツについての定義は考えないとして、大きく分けると、個人スポーツ型、団体（チーム）スポーツ型、採点スポーツ型、対人競技型、に分類されます。さらにネットのあるなしやボディコンタクト、などまでいれると多岐にわたります。ざっとみなさんの知っているスポーツを挙げてみます。

個人スポーツは、陸上競技、水泳、スピードスケート、クロスカントリー、弓道、アーチェリーなど。

採点スポーツは、シンクロナイズドスイミング、体操、フィギュアスケート、スノーボードなど。

ネット越しに戦うスポーツが、バレーボール、テニス、バドミントン、卓球など。

身体をぶつけながら戦うボールスポーツが、ラグビー、アイスホッケー、アメリカンフットボールなど。

ボールを中心としたスポーツが、野球、バスケットボール、サッカー、ラクロス、ホッケー、クリケットなど。

武器を持たない格闘技が、柔道、空手、ボクシング、レスリングなど。

武器を持つ格闘技が、剣道、フェンシングなど。

水上のスポーツが、ボート、ヨット、カヌーなど。

このように、スポーツを区分して、オリンピック競技レベルで見てみるとそれぞれの特徴が分かると思います。

スポーツは、新聞やテレビなどで取り上げられる機会も多いです。ほとんどのスポーツニュースは、どのチームが勝った、このチームは負けた、有名な選手が世界選手権に出てどうだった、と結果を報じます。勝つことが目的であるのは、「競技」です。

一方、スポーツを始める動機は、面白そうだから、とか、好きだから、という人も少なくないと思います。日本中に、バレー、ゴルフ、野球、マラソンなど、多くのスポーツ愛好家がいますね。そのほとんどは、勝つことが目的ではなく、スポーツを通じて楽しむことが目的です。

スポーツは、勝つことよりも好きであることがとても大事です。勝たせるために仕事をしているボクが言うのもちょっと不自然ですが、プロ野球だって、プロサッカーだって、大相撲だって、バスケもラグビーもテニスもゴルフもいやいややっている選手はいません。そして、観る人（好きな人）がいなければプロ選手も仕事になりません。

楽しむスポーツであっても、やっぱり試合になれば勝ちたいし、なんとか少しでもうまくなりたい、と思うのは当然です。好きで始めた部活でも、試合が否応なしにやってきます。ほとんどの人は、試合に出たいとか、出たくないという選択肢はないまま試合に出場します。

試合をする事を前提とすれば、現在のスポーツは、スポーツ全体の歴史を振り返っても、以前と比べてスピード化が進んでいます。

トレーニング方法の発展はもちろん、技術革新によりチームの連係プレーなどの進化によって、スポーツ全体のスピード化は高まりました。治療や医療の向上、栄養の知識などが行き届くことによって、ケガの予防やケガからの回復も早くなりました。さらには、飛行機や電車などの交通機関の発達によって、移動時間も短縮され、試合間隔なども大きく変化していったのです。

日本人女性メダル第1号、人見絹枝さんの頃は、オリンピックに参加するのに船で2週間近くかけてヨーロッパに行ったそうです。それが今や大体1日で海外のどこへでも行くことができますし、飛行機の便数も増えました。1年間に参加できる国際大会の試合数は、圧倒的に多くなりました。

スポーツの急激な高速化とともに、オリンピックなど国際大会において、競技の試合時間が変化しています。視聴率、広告（スポンサー）などの影響で、試合時間が短縮され、ポイントを早く取り、すぐにゲームが終わるよう、多くの競技がルール改正されました。テレビのゴールデンタイムに人気の競技の試合が予定通りに行われることが優先された結果です。

そして競技スポーツは、自分を守るよりも素早く攻めて勝つ、「攻撃は最大の防御」方式へとシフトします。道具や器具の工夫も見逃せません。選手が使用するシューズや道具は、0・001秒でも速く動けるよう開発していますし、競技場などの施設は記録が出やすいよう、材料や工法に技術を投入し続けています。研究者は、生物学、人類学、遺伝子学などを極め、世界中の情報を集約し、スポーツ科学を高度なものに成長させています。

ボクたちスポーツ指導者は、スポーツの楽しさ、奥深さを知ると同時に、速く動くためにどのような方法が有効か、どうしたら選手たちに対しより活用できるのか、を考え、実践しています。

情報は、インターネットでも受け取ることは出来ますが、本当の情報は、やはり自分で努力しないと得ることは出来ません。と同時に、多様な知識や情報に振り回されることなく、常に取捨選択をする判断も持ち合わせないといけません。

野球、サッカー、ラグビー、テニス……競技は違っても走るのは基本

ボールを扱うスポーツは、ボールを上手にコントロールし、自分の思い通りにプレーできることが大切です。走るのが速いだけでは野球やサッカーは上手《うま》くなりません。あなたが足の速いサッカー選手だったとします。足が速くても、ドリブル、パス、シュート、ヘディング、トラップ、全てがダメだったら選手としてどうでしょう？　キックの正確さやシュートの鋭さがなければ、ボールに追いつくことだけが得意な選手が、チームに貢献できるでしょうか。

走ることは基本ですが、そのスポーツの基本的な技術の習得と、応用の練習を欠いてはいけません。

その上での話です。

サッカーの試合では、相手はこちらにとって都合の悪い場所でプレーをしたいし、こ

ちらはこちらにとって都合のいい場所でプレーをしたい、となります。都合がいい場所なら思い通りにうまく出来るのですが、都合の悪い場所ではそう上手にはプレーしにくいものです。こちらにとって都合の悪い場所や相手数人に囲まれている場所でも、まるで無人の中でプレーしているかのように見える選手もいますが、それは一流と言われる選手です。

同じ人数でプレーしているので、少しでも早くフリーのスペースを占有すれば、こちらにとって都合がいいプレーをすることができます。そのためには、絶対的な速さが必要だし、走ることは勝利に直結します。

ここで大切なことは、絶対的な速さを身に着けたいなら、長距離走が得意になってはいけないということです。

小学生のうちは、ダッシュを繰り返すくらいで十分です。中高生も、むやみやたらにロードワークで距離を走るのは推奨しません。詳しくは後ほど説明します。

走れるようになると競技のパフォーマンスが上がる

常識的な練習では、いつまでたっても自分の殻を破れません。

認知、といって人間は対象物（例えばボールや相手）を知覚すると、プロセスが確立していない場合、知覚対象物を優先して働くので、自分自身の動きが悪化します。

野球の試合で、ピッチャーが投げたボールにバットが当たってから1塁ベース（ファースト）まで何秒で走るか、という記録をボクは10年くらい取り続けていました。平均的に一番速かったのは、第2回ＷＢＣ（ワールドベースボールクラシック）のイチロー選手で、20打数くらいの平均で３・７５秒でした。20打数くらい、といい加減な数字なのは、残念なことにボクの手元にメモが残っていなくて記憶だけで書いているからです。

大学野球などでは、俊足の選手が、セーフティバント、といって、その足を生かして1塁に速く到達するようなプレーをした場合に、3.6秒をマークすることもありますが、イチロー選手のように普通に打って3.7秒台はたいへん速い数字です。おおむね日本の俊足好打の左バッターでは4.0から4.1秒、バッターボックスが少し遠くなる右バッターでは

4.1から4.3秒で走ります。
一方、アメリカ・メジャーリーグでは、どんなに俊足の選手でも4.5秒近くかかりました。アメリカの選手は、後ろ足に体重をのせた位置でスイングをするため、走り始める1歩目がどうしても遅くなるのです。アメリカのスイングは、子どもからメジャーまで一貫してこのフォームです。

問題はここからです。日本の高校野球で同じように計測していたら、おかしなことに気が付いたのです。速い選手で4.5秒、遅い選手だと5.3秒、平均でも4.8秒ということがありました。どうみても、もう少し速いだろう、と思っていました。ずいぶん遅いなあ、と気になったので、その後、体格や攻守交替の時の身のこなし、走る姿など注意深く観察しました。あまりに不思議なので、関東、東北、四国と何試合も見ました。そしてあることに気が付きました。打ったあと、選手は打球の方向を確認しすぎるのです。打った結果を見てから走るクセがついていたので、1塁までのタイムは4.8秒、となったわけです。

打ってからボールの行方を確認する必要はありません。早く走りだしましょう。

多くの競技スポーツでは、似たような現象があり、その解消に取り組んでいます。バスケットボールで、パスをしたらすぐに走る、シュートを打った瞬間に誰かが逆方向に走る。サッカーでもタッチしてすぐにフリーのスペースに走る。テニスでは、ストロークをした次の瞬間はセンターにポジションをとる、などです。

こうやって具体的、実践的なイメージをはっきりと思い浮かべると、確かにな、と思いますよね。走ることが苦手だと、瞬間的なスピードが要求される現代競技スポーツの中では、勝つ要素が減ってきます。

走るスピード、特に素早く走る速さは、ほとんどのスポーツにとって、重要な局面を生みだす決め手となっています。

走ることによるメリットは、以下の通りだと考えています。

走ることで走力が上がる

走る総量が多くなると、走り方が安定する
安定した走りは、各種スポーツにおける上半身の動きのベースとして役割を果たす
動く身体の基礎となる強さが出来る（たくましくなる）
呼吸循環器が活性化し、免疫力も向上する

部活は、学校を舞台とした大きな物語を創造する最高の場所です。世間では、学校の実態や部活のあり方、先生や指導者についてあれこれ言われていますが（もちろん暴力はいけません！）、部活で育てられた人間にとって、部活抜きの学校は考えられません。卒業して仲間と会えば、部活の話ばかり。楽しかったこと、ひどくつらかったこと。辞めたいと思った、ミスばかりしていつも怒られていた話。厳しかった先生がその当時はキライだったけれど、そんな先生が、実は本当に自分の事を思ってくれていた、という思い出ばかりが浮かんできます。

部活は、喜怒哀楽がたくさんつまった、宝物のある部屋です。多感な時期に精一杯何かをし、何かがあったのです。卒業して数十年たった今でも、たくさんの感情があふれ

て当然です。

部活があったから学校が好きだ、という人だって、たくさんいるはずです。

そう、ツライ練習は大嫌いだけど、でも部活を頑張ろう！　理屈はともかく、そういう場所であることは確かです。

そんな部活でだからこそ、一生懸命走ったり走らされることによるメリットもあるのです。

走らされるメリット

一　身体ができる

ボクは時々低山へハイクに行くのですが、それほど険しくない山であっても、毎週のように山に入ると、身体がかなり出来てきます。足腰が強くなり、心肺機能があがり、方向感覚や傾斜に対する身体の使い方、休み方、速度などの勘所も分かってきます。ところが、数か月、山に入らないと、呼吸が乱れてすぐに休みたくなるし、下りではヒザが痛み始めてツラクなります。さらに時間やペースがよくわからない……と初心者丸出しに戻ります。少なくとも、低山ハイクであっても2時間以上歩き続けることが苦でない身体を維持していなければなりません。

野球において、ピッチャーが1試合完投するくらいの肩を作るには、投げ込まなければ身体は出来ません。練習で50球程度しか投げないのに、試合で120球投げようとするのは無理があります。しかし、毎日150球投げる必要はありません。疲労がたまってヒジや肩を傷めてしまうかもしれないからです。もし試合で完投したいなら、そう出来るように計画すればよいのです。

山を歩くのも、ピッチャーが投げるのも、数多くこなす前に、「正常であるか、正しい姿勢（フォーム）であるか」は最低条件です。歩き方が悪ければ、少し歩いただけでヒザや腰に負担がかかり、ケガをしやすいです。投げるフォームが悪ければ、20球全力で投げただけで、ヒジは痛くなり、炎症を起こします。ひどい場合は変形性関節症となる場合もあります。

身体を作っていく作業は、とても大切です。

部活をやっている皆さんは、日ごろの練習を通して知っていることがいくつかありますよね。そのひとつが、「練習をしていけば、だんだん身体が慣れてくる」という現象です。入学して、最初の2～3か月は、不慣れなことがたくさんあります。

学校やクラスの雰囲気
部活の練習、上下関係や顧問の先生
通学の交通手段や時間帯

これらをこなしていくだけでも、あなたは心身ともに毎日大変なことと思います。さらに、部活で新入部員が覚えなければいけないことの多さといったら‼「やめたい！」と思うことも少なくないでしょう。ところが、これも大切な現象のひとつです。あなたは沢山の事が気になる「多感期」で、理解と行動の範囲が日々広がっています。あなたにとって最初の「いやなこと」は、慣れることによって「好都合」へと転換させることができるのです。

これは生物の仕組みのひとつで、その場その場に適応していくからだと考えられています。システム理論の第1世代を築き上げた生物学者ベルタランフィーによると、外部刺激に対して反応することにより、わずかに元の状態でない組織を形成することを準定常状態と呼び、そのシステムが生物体にはあると示しています。

私たちに備わっているこの仕組みが、「だんだん強くなる」という現象を生み出しているのです。不慣れな日常生活や友人関係が、時間の経過とともに最善の状態に変化していきます。このことを適応と言います。「疲れたぁ～」と言っていた練習も、次第に当たり前になっていく。「死にそう～！」と走っていた毎日のランニングも、上級生になると「私が一年の時はもっとキツかった！」と話し始めるのです。

と同時に、練習を怠れば（自分に次の刺激を与えなければ）、「だんだん弱くなる」可逆的な仕組みになるのです。これも経験的によくわかる話です。合宿に行ってボロボロになるまで練習をして、数日休んでまた練習をして。時にはケガをすることもあったけれど、なんだかいつの間にか、速くなっていた……そんな思いをしたことありませんか？

ここで反論する人もいるでしょう。

「私、毎日ものすごく練習をしているのに全然よくならない！　速くもならない！」と。こういう人は、「動きの中で邪魔している何か」があるのかもしれません。なんとか解決できるように、後ほど説明しましょう。

私たちの身体に強いストレスを与える全力疾走（ダッシュ！）は、両脚、体幹部（腹筋や背筋群）、肩周りなど、全身の筋や腱《けん》、神経系に負荷をかけ、私たちの身体を強化してくれます。日常的に部活で走っている皆さんは、すでに慣れてしまっているからあまり感じないかもしれませんが、普段走る機会がない人が、年に一度、町の運動会で走ったら、たったの一回の全力疾走でも筋肉痛を起こします。ダッシュの負荷が自分の身体の適度な状態よりも強いためです。

たとえ、毎日走っている皆さんでも、試合の後では、筋肉痛や大きな疲労感があるのではないでしょうか？　試合では練習以上に気合が入るのが普通です。それが本気、ということです。

もしあなたが、毎回イヤイヤ走っていれば、その走りは全力疾走とは程遠くなるでしょう。つまり、あなたの筋、腱などの組織強化には、あまりつながっていない可能性があります。それでは走っていても速くなりません。

それは困った！　せっかくたくさん走らされるのだから、得るものがなくっちゃ！

二　自分の知らない練習ができる

井の中の蛙《かわず》大海を知らず、ということわざがあります。井の中の蛙だったボクは二八歳の時にアメリカ・ロサンゼルス郊外に住んでいる師匠に弟子《でし》入りをしました。最初は弟子入り（もちろん有料）を何度も断られましたが、粘りに粘って天の岩戸をこじ開けました。練習は想像を絶するくらい厳しくてツライものでした。「今日は死ぬかもしれない」と思いながら練習をさせられましたが、死んだ日はありませんでした（当然か！）。その道のプロを目指すのですから、生半可な気持ちでは務まらないような毎日でした。

師匠のところでは、ボクが日本で全く経験した事のないような練習方法が数多く展開され、目からウロコが何十枚も落ちました。こうやってオリンピックメダリストやプロの選手が練習をして強くなっていくのか、と自分の肌で知ることができたのです。非常に貴重な月日でした。

スポーツの練習において、「やらされる」こと、命じられることで、あなたの経験や知識を超えた練習の手段を、数多く経験することができるのです。自分にとって、未知の世界の方が、圧倒的に多いのです。これはどうにもなりません。ましてや、若い世代の人が、多くの手段を選ぶことはあまり考えられません。確かに、書籍やインターネットなどを通じてたくさんの情報を得る機会は増えましたが、どう扱っていいのかは、なかなかわかりません。

ホンモノは、簡単ではなく、楽ではなく、短絡的、刹那的《せつなてき》ではないです。しょせん、簡単に手に入れたものは、ニセモノばかりです。

チームに所属し、練習をすることで、狭い自分の考え方や知識を広げることができます。だから、時には別のチームと合同で練習をしたり、信頼できる先生から指導を仰いだりすることはどんどんした方がいいと思います。新しく知識を吸収するメリットが大きいと思えば楽しくなってきます。

どんどん知らない世界に飛び込み、「知らない練習をさせられる」習慣がついたらいいな、と思います。

三　みんなと一緒だと安心感がある

もし、あなたの目の前に「安心」という箱と「不安」という箱の二つがあって、どちらかを開けなさい、と言われたらどちらを選びますか。「安心」の箱には、開けたらホッとするようなものが入っている。「不安」な箱には、どうも自分にとってマイナスで危機感を感じさせるようなものが入っている。どちらを選びますか？　う〜ん、よほどの時以外は、普通は安心の箱を開けるよね。

競技をやりたいのは自発的であっても、基本的な在り方として「練習させられる」、「走らされる」のだから、練習で走るのは自発的な行為ではありません。朝練習や練習後の自主練習は別として、普段ひとりで部活に参加するのは心理的に不安なので、みんなと一緒に練習をすることでその不安が解消され、安心して練習をすることができます。

みんなでランニングしていることを想定しましょう。突然ひとりが、止まったりダッシュしたりを繰り返したらどうなりますか？　まわりとぶつかるし、ペースが崩されて走りにくくなるし、くたびれます。逆に、「みんなで」同じようなペースで走ることで、ぶつかる時の衝撃や減速、嫌悪感が発生しないし、仲間と同じ一定のリズムで走るという集団内の安定感が増すので、心地よくなります。

自発的、個人的な強さは、当然存在しますが、走らされることで、みんなと一緒に走らなければいけない、という集団ならではのプラスを生み出すこともあります。一体感や協調性、あるいは集団そのものを維持するための集団内でのリーダーシップなどです。

四　たくさん練習をした爽快感や充実感

毎日汗をかくのが習慣になって、やめられない！　という話を聞きませんか？

練習後、汗まみれになってクタクタで「は〜疲れた〜」と言いつつ、仲間と元気に話をしたり、さらに別のことを積極的にやりたくなることがあります。

またよく知られたことで、運動をした後で勉強をすると、脳が活性化されているので効率が上がると言われています。ベータエンドルフィン、ドーパミンなどのホルモンが、運動を続けることによって発生するからです。これらのホルモンが分泌されることで、身体が疲労しているにもかかわらず私たちは快感を感じるのです。不思議ですね、人の身体は。運動をたくさんする方が、健康や生命維持にプラスだ、という根拠となっています。

理由はどうあれ、運動後の爽快感や充実感は、「今日は頑張ったな」とか、「やりきって良かったな」と自己肯定感を促していくのです。自分では出来ないほどの練習量を何度も経験したあと、「あれだけの練習をしたのだから」と粘り強く生き抜く背景にもなります。

近年は、脳科学の発展が著しく、運動による脳や成長に対する効果に関する論文、書籍が増えてきました。本書は走ることの良さを深めることが第一義ですから、門外漢のボクが語るよりも、詳細は専門書に任せることにしましょう。

五　やめられないから、根性がつく

読者の皆さんは、精神論を肯定しますか？　それとも否定しますか？　ニワトリが先か、卵が先か、というのと同じように、実は、すでに科学的根拠により結論が出ています。

答えは、イエス！　つまり精神論は必要です。

突拍子もない話で恐縮ですが、少しつきあってください。例えば、思考を巡らせる場合、選択肢を決定する際には無数の可能性を考える必要があります。将棋ではコンピュータが人間よりも強くなりました（以前のコンピュータでは、数通り先の手順しか読めなかったので、ボクでも勝つことが出来たのですが）。将棋の難しいところは、数多くある「定跡《じょうせき》」といわれる有利に進めるための基本的な戦術を発展させて勝負に持ち込むこと、取った駒を自分の好きな場所に打つことが出来る、などというあまりに広範で複雑な駒の動きや手順の広がりを持つところにあります。棋力の高い人間は、盤面を見て「このあたりが良さそう」という勘が働くのですが、コンピュータは駒が動くすべての膨大な手数を読み込んでいき、その中で最善と言われる評価の高い手を選択していきます。とんでもない処理能力が必要です。そうとう優秀なＣＰＵ（処理装置）です。一言でまとめるにはあまりに失礼ですが、将棋での考える能力は、凡庸なボクの脳では信じられないくらい、あきらめずに、あきらめずに処理をし続けるのだと推測できます。

自分一人で練習をとことんやる人もいるでしょうが、そのような人ばかりではありません。自分がツライな、と思ったタイミングでやめてしまう人が多いのではないでしょうか。

しかし、やらされる練習では、そうそう簡単に「はい、やめていいですよ」と、やめさせてはくれません。走る練習がキライ、という人の多くは、ツライのにやめられないという経験が大きいのではないでしょうか。

それはそうでしょう、やりたくないのにやらないといけないのですから。自分では「限界だ」と思っても、まだ「やらされ」ます。それによって、精神的な粘り強さ、最後まであきらめない気持ち、不屈の精神が徐々に形成されていきます。

しかし、上には上がいます。稀《まれ》なケースではありますが、「自分に対してやらせる」名人がいます。自分の中の自分に向かって、「ほれ、もっと頑張れよ！　もうひと踏ん張りしろよ」と言える人です。

モチベーション（やる気、動機）には二通りあります。ひとつは、ごほうびがあるから頑張れるパターンです。次の試合に勝ったら、お小遣いをあげる、食事をご馳走《ちそう》してあげる、などが当てはまります。これを外的モチベーションといいます。

もうひとつは、自分から「やってやるぞ」と心に火をつけることが出来るパターン。これは、内的モチベーションといいます。与えられたことに対する粘り強さは、自らが課したことに対する努力にはかないません。自ら課した課題をクリアしていくと、勇気が生まれるからです。勇気は、他者が与えるものではありません。自分が決め、自分で臨んでいきます。勇気ある人間は、本質的にとても強いです。ほんとうの強さは、自ら作っていくものです。

常に対価を求める外的モチベーションは、「○○してあげるから、△△して」という交換条件が行動のベースとなる可能性があります。また交換条件は、純粋さに欠け、はしたなく感じられます。行動は、自分の内側から始めるのです。

「ダメだ」と思ってからが勝負です。体育会の部活をやっている人を優先的に採用する企業は多いです。直接、人事担当の方に話を聞いたことがありますが、運動部だった人を採用したい大きな理由が、一、はっきりと挨拶や会話が出来る、二、精神的な耐久性が強い、三、イヤなことも進んで引き受ける、とのことでした。社会に出て、順風満帆な毎日ではありません。営業活動や集客がうまくいかなかったからといって、いつまでもガッカリして生気がなくなったり、投げやりな態度をとったり、あるいは出社しなくなったりでは社会人は務まりません。一方では、古い考え、と言われるかもしれませんが……。

誰もがもうダメだ、あきらめるしかないだろう、という危機的な状況で、次の一歩を出すことが出来る人材は、パソコンや英語ができる人よりも貴重だと判断される場合があります。社会では、様々な職種があり、通り一辺倒ではなく、人と違った部分が秀でていると役に立ちます。

ただし、毎日のように追い込んだ練習をすると、身体に負荷がかかりすぎてしまいます。ストレスを強く感じるほどの食事制限や、睡眠を妨げるほどの練習は、成長ホルモンの分泌を阻害します。これをオーバートレーニングと言います。人によって、状況によって全く違いますが、成長ホルモンは、就寝後しばらくたってから急激に増え、深夜にそのピークを迎え、朝起きてしばらくは出続けています。睡眠時間がとれないストレスは、身体を大きくさせない原因を作りますから、本来は力のある人がつぶれていく可能性があります。

それでなくても10代では関節がまだ安定していないので、練習量が多すぎると身体が追い付きません。「走らされる」ことのメリットを、誤解しないよう、注意してください。

全員がエースストライカーでは困るし、全員がゴールキーパーでも絶対に勝てない。もっとも、「走らされるだけ」では、粘り強く努力する能力はつきませんが！

第二章　なぜスピードが大切なのか

走りこめば良かった時代が懐かしい

どこの中学校でも、あるいは高校でも、放課後になると部活の生徒が学校の周り、あるいは校庭を走っている姿をみかけます。その光景は、ボクが学生だった昭和50年代も、そして今も変わらない。時々ボクが沖縄県を訪れてぷらぷらしていても、あるいは北海道に行っても、もちろん東京でも、同じように放課後は部活の子どもたちはランニングをしている。放課後は、みんなよく走っている。

陸上部だけではないと思います。野球部、サッカー部、バスケット部、テニス部、男子も女子もよく走っている。走らされている。

走らされている、と言えば、ボクが大学生の頃、ミスマッチとも言えるような状況を何度も目にしました。それは、応援部の人たちが、学ラン（学生服）に革靴を履いてダッシュを繰り返していたことです。

「今日、試合で負けたのは、我々の応援がふがいなかったからだ！　いいか、これから走る！」

「ハイッ！」

と、神宮球場の外周を一生懸命汗まみれになって走っていた姿は、確かに異様ではあったけれども、彼らにはそれはそれで価値があったのだと思います。

皆さんの学校は、皆さんの地域はどうですか？

そして、この本を手に取っているあなたは、部活で走ってますか？　もちろん、あなただけじゃない。走るのは、あなたのお子さんかもしれないし、逆に走らせている方かもしれない。いまや、ブラック部活動なんていう造語も出始めた時代ですから、走ることが暴力行為のような、まるで悪の権化《ごんげ》となっていくのではないかと、ボクは戦々恐々としています。

走るのは、恐ろしくも悪くもありません。

かつて、ボクがあるバレーボールチームでパートタイムのトレーニングコーチをしていた頃、選手時代とても有名だった監督に、「平岩さん、毎週10km必ず走らせたいんだ！それを基準に計画を作ってほしい」と頼まれたことがありました。

身長2m近い大男たちが、10km走るのにどのくらい時間がかかるのか尋ねたところ、1時間くらいだったそうです。ボクはその1時間をつかって、運動強度を上げ、短時間のインターバル（休息時間）で「動けるプログラム」を作りましょう、と対案を提案しました。結局、監督の希望で両方やることになりましたが、「動けるプログラム」の結果はかんばしくなかったです。

スピードって？

イメージでは、スピードとは「速さ」を示す言葉ですよね。ここで、物理の言葉をお借りして、スピードを説明します。

A地点からB地点まで移動する距離と時間があって、その間の量が速さです。つまり、10kmの「距離」を移動するのに、60分の「時間」がかかったら、時速10kmの「速さ」です。英語で表される「s：スピード」は、この速さを指します。一方、速度「v：ベロシティ」は一定の方向（ベクトル）に対する移動距離とその移動にかかった時間ですから、力を表す記号としてよく出てきます。

テニスのサーブや、サッカーのキック、野球でピッチャーの投げるボールなどは、（ボールが）投げ出された瞬間が一番スピードが速いです。これは、力を伝えた結果として起きることです。ボールは、空気抵抗と引力の影響を受けますから、投げ出された後スピードは低下します。

走る場合のスピードはどうでしょう。静止している状態から、力を加えて速くなっていきます。これを加速といいます。地面に足が着いている時に加速します。徐々にスピードが臨界点（もうこれ以上速くならない！）に達した瞬間から、地面に着いている足が今度は減速（ブレーキ）になります。高いスピードを維持させるためには、加速する走り方と違う走り方をすると、しばらく速いままでいられます。

スピードが落ちたら、また加速させればいいじゃないか！　とお叱《しか》りになる方もいる

加速する走り方とスピード維持の走り方は違う

かもしれませんが、一気に加速させた場合、たくさんのエネルギーを使ってしまい、簡単に補充ができません。

走っている時に足が着く時間を接地時間と言います。走り始めでスピードが遅い時の接地時間と、スピードが速い時の接地時間を比較すると、速い時には一瞬で力を伝えないとスピードを維持できません。

だから、陸上競技の短距離選手は100ｍや200ｍなどの距離を速く走れるのですね。1回の全力疾走で、100ｍという「距離」を出来るだけ短い「時間」で走る特性が、100ｍという競技です。

球技の場合は、試合中何度も加速する必要があ

るので、「速さ」と「回復」する能力が必要です。
これらも、走る練習によって培われます。

現代スピード事情

ここからは、筋肉組織の話を簡単にします。
問題です。筋原線維の動きは、次のうちどれでしょう？

（1）伸び縮みする
（2）伸びるだけ
（3）縮むだけ

答えは、（3）の縮むだけ、です。筋は厳密にいうと、ギュッと縮むか、弛《ゆる》むか、だけです。ギュッ、とする時には、筋肉を短くするか、あるいは固めるかのどちらかのために働きます。筋肉を短くする、というのは、腕を曲げたり伸ばしたりする時です。固める、というのは、腕の角度を変えずに何かを持った時に力を発揮する状態です。このように筋原線維を短くするのを収縮する、と言います。

筋は伸びる性質を持っていません。弛んでいると伸びている、では意味合いが違います。ではどうして曲げた腕が伸ばせるか説明します。関節は2つ以上の筋肉によって動きます。表と裏、というイメージですね。表が縮んでいる時は、裏が弛んでいます。裏が縮むときは、表が弛みます。ところが、縮む（主働筋が働く）、弛む（拮抗《きっこう》筋が働く）が10対0、つまりオンかオフだけの状態になると、関節や主働筋はスピードがついた時に負荷が急激にかかって、勢いよく曲がりすぎてしまい、すぐに壊れてしまいます。そこで、突然弛んだ状態になるのではなく、関節や逆側の筋肉を傷めないよう、ややブレーキを利かせた状態で機能してくれます。

その筋線維は、大雑把にいうと3つのタイプに分かれています。速筋線維、中間筋線維、遅筋線維です。速筋は、速い収縮が得意ですが、疲れやすいという特徴をもってい

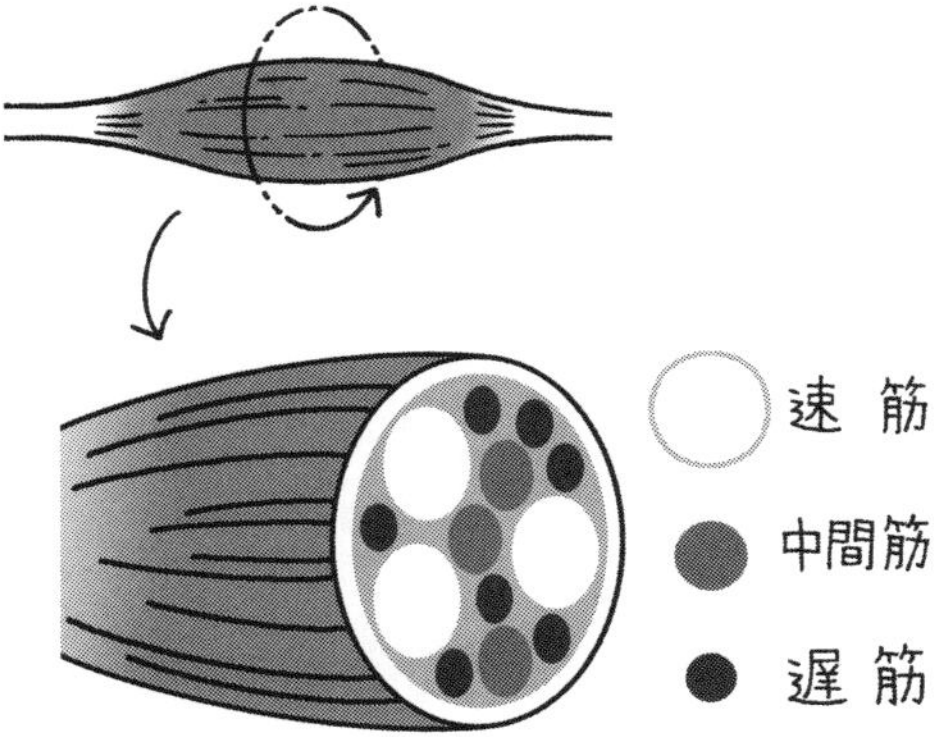

筋線維は3タイプ

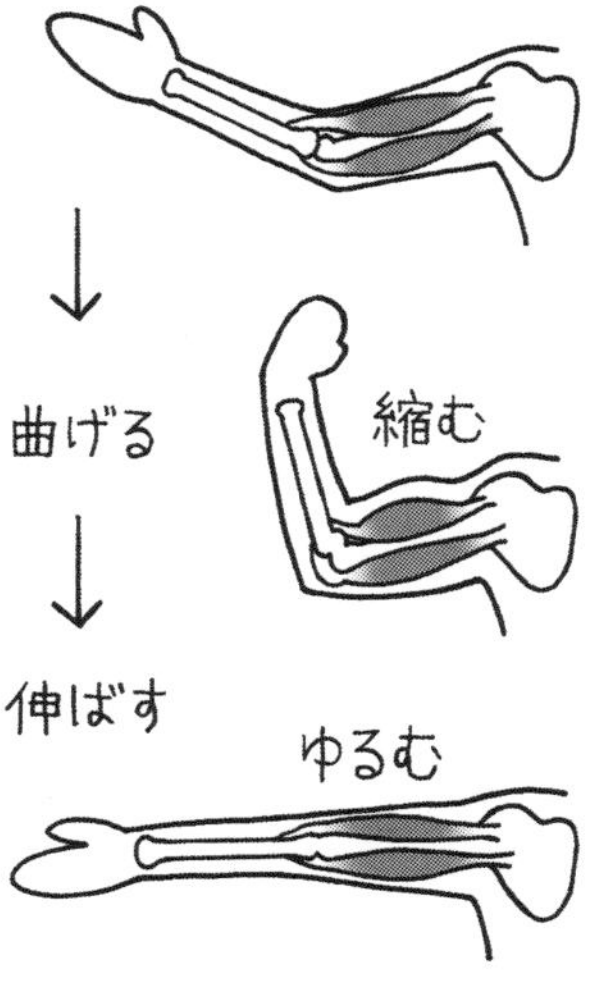

筋線維の動き

ます。遅筋線維は、持続能力があって疲れにくいのですが、収縮が遅いです。中間筋は収縮速度もそこそこで、持続能力もそこそこ、とまさに両方の中間の性質をもっています。

生まれた時にはすでに、これらのタイプの割合は決まっています。つまり、速い動きが得意か、持久系の運動が得意か、生まれつき筋線維がどのタイプが多いか、によっても影響されるのです。現代科学では、遺伝子解析が進み、速い筋線維もさらに細分化されるようになりました。日本人に多いX型やアフリカ系黒人に多いR型などの研究が進められています。

毎日の部活で精一杯頑張りたい私たちが知っておかなければいけない基本情報は、ゲノムを解析することではありません。筋線維の性質は、不可逆性です。つまり、持続的な練習をたくさん行うと、瞬発力を持った速筋線維が遅筋線維に変化していきます。ところが、遅筋線維は、どんなに頑張っても速筋線維に変化しないのです。5km、10kmなどの走り込みをして、長距離が得意になったら、得意だったダッシュはダメになってしまった、もう戻れない、ということです。困ったものです。

速いか、遅いか、は何によって決められるのでしょうか。筋線維の割合、ゲノム（遺伝子）、体格、家庭の環境、学校の環境、その他多くの因子によりますから、ひとつの事象で決めることはできません。

しかし、トレーニングの方針や決定を間違えると、全体の方向性は次第に別の方へ進んでいくのもまた事実です。

ハイスピード、ハイリスク

走ることの良い点ばかりを書き連ねることとなりましたが、走るのは良い事ばかりじゃないぞ、と知っている人も多いと思います。その通りです。とりあえず、ツライ！という意見は横に置いておいて、リスク（危険性）についての話をします。

100％の速さで走ると「身体が出来る」という話をしました。つまり、瞬間的に負担がかかるという意味です。理想的な走り方になってくると、最高スピード時には、太ももの裏側（大腿《だいたい》二頭筋《にとうきん》：ハムストリングス）に瞬間的に強い収縮力がかかります。もし耐えられなくなった場合は、肉離れを起こします。

ハムストリングスの肉離れを予防するには、全力で走る前に十分なウォーミングアップをします。直前には、70から80%程度の速さで走ってください。また、ハムストリングスだけでなく、太もも前側（大腿四頭筋）も伸ばして動きやすくします。

それでも肉離れを起こした場合は、患部に氷を約20分間、出来れば伸縮性の包帯できつく巻いて安静にします。この時、あおむけになって脚を身体よりも少し高い位置にしておくといいです。救急の処置をしたら、速やかに病院にいって診断を受けます。整形外科に行ってください。その後は病院の先生の指示に従います。

痛みは受傷したあとから、徐々に引いていきます。患部の痛みと同時に、受傷した直後に「やばい！　守れ！　ギュッ！」とケガをしたまわりの筋肉が固くなるので、その痛みも次第に感じるようになります。それらを取りながら柔軟性や機能を回復していくのがリハビリテーションです。初期のリハビリを怠ると、患部が固いままなので、治りが遅くなる場合があります。部活をやっている人は、治るペースによってリハビリの段階も変化しますので、定期的に教わる必要があります。

一度肉離れをすると、回復後しばらくは、再発しやすい状態にあります。捻挫や強い炎症など、すべてのケガに共通して言えることですが、壊れた筋が外見上良くなって動けるようになっても、あるいは痛みがなくなったと感じたとしても、ほんとうに競技が出来るまで良くなったとはいえません。私たちの筋や組織は、機械のようなただの部品ではないからです。まわりの筋、靭帯《じんたい》、身体全体の力の流れ、動き方の再教育など、修復した箇所がきちんと機能するよう何度も繰り返します。このように、日常の生活ができる以上に、競技スポーツができる状態まで回復させることをアスレチックリハビリテーション、と言います。

トレーナーという職業を聞いたことがあるかもしれません。一般的なアスレチックトレーナーの仕事は、病院との連携をすばやくするため、応急処置、アスレチックリハビリテーション、そしてケガの予防を主にします。

肉離ればかりではなく、スピードが上がると、ラグビーやアメリカンフットボールのようにぶつかったときの衝撃も、同時に高くなります。ゆっくりと歩いている時にぶつかっても、あまり痛さは感じないでしょうが、全力疾走中に何かにぶつかったら、転倒したり打撲をしたり、ひどい場合は骨折することもあります。「廊下を走るな！」と学校ではよく言われましたが、狭い廊下を走ればリスクは高くなる一方です。

相手とぶつかるスポーツをコンタクトスポーツといいますが、コンタクトスポーツでは衝撃に対する強さを身に着ける必要があります。受け身や衝撃時の体勢、防具、マウスピースの着用、筋力トレーニングなどの対策をしなければなりません。

サッカー、テニス、野球をはじめ多くのスポーツでは、ストップ＆ダッシュがプレーの中心です。試合では夢中で動くので、速いスピードから急激に止まる際は、ヒザに大きな負担がかかります。自動車や電車でも、速度を上げることと高品質なブレーキの開発は必須です。ブレーキの性能が良くないと、安心してスピードを上げられません。姿勢を良くしたままでのフットワークを生かしたストッピングの習得や、ヒザをカバーする太ももの前（大腿四頭筋）、お尻（大臀筋《だいでんきん》）まわり、腹筋や背筋群の筋力を強化して、ヒザにかかる負担を減らす努力が必要です。

直線スピードを区分する

直線で走る方が、ジグザグに走ったり、蛇行してフラフラしたりするよりも速いというのは、経験的、直感的にわかります。

直線で走ることを区分すると、さらにわかりやすく、かつ、速く走ることができるようになります。というのも、区分されるそれぞれは、力の発揮の仕方や走り方が異なるからです。走っている中で、走り方が違う、というのは、ちょっとビックリですか?だって、走るぞ！　と言われてダーッと走ること以外、考えられないでしょう?　走るのは技術的要素がたくさん含まれていますから、思い付きのままでは、限界があります。

この辺りから、走ることがとんでもなく面白くなってくるところです。

まず、大きく三つに分けてみます。

（1）反応、スタート
（2）加速
（3）最大スピード維持

これが、3区分です。細かい事を言うと、加速局面をふたつに分けたり、最大スピード局面でも、別な回路を使って減速を最小限の状態に保ちます。そのあたりは陸上競技の専門書に譲ります。

いま私たちが知りたいのは、どんなスポーツにも共通した、スタート、加速、最大スピードそれぞれの局面があり、学習による向上がものすごく見込まれることです。自然に伸びることと、習って伸びることを合わせると、走りが速くなる可能性がドンドン生まれてきます。

止まる、は始まり

ボクの大切にしている言葉のひとつが、「終わりは始まり」です。

終わった瞬間から、次のステージは始まっているから、終わることは怖い事ではないし、次の何かに向けてすでに出発しているんだ、という意味合いで使っています。ましてや、優勝した、勝った、など最高の結果で終わったら、なおのことです。良い結果に終わって、その喜びに浸るのはその日だけです。翌日以降も手放しで喜んでいるのは、あまりに甘いです。その考え方でいくと、走ることも同様であることがわかります。

第六章で、スタートする姿勢について触れます。各スポーツで、止まっている瞬間がいつも決められているのは、陸上競技や競泳のようなスタートがある時だけです。ほかのスポーツでは、多くの場合止まった瞬間が、次の動き出しをする瞬間です。止まるときはスタートする時だ、という練習が必要です。

スタートダッシュの速さをいくら速くしても、刻々と変化し常に違う状況が起き続けるスポーツの偶然性のあり方を見たら、状況に応じた反応の速さや起きる直前の予測の秀逸さの方が、圧倒的に「速い」です。

例えば、野球のプレーの中で、ボールを受け取った選手が、ほんのちょっとだけ迷って、細かく腕を使って2回目で投げるシーンをよく見ます。あるいは、タイミングが合わずにステップをほんのちょっとだけ余分に入れることがあります。本当によくあるシーンなので何となく流してみてしまうでしょうが、これらの一瞬の躊躇《ちゆうちよ》で0.3から0.4秒の

③ストップしながら　　④ターン

⑤次のスタート　　④ターン

③、④を瞬時に行い、次のスタートの準備で姿勢を低くする
③〜⑤の動きは実質的には2段階
③で一度ストップすると③〜⑤の動きが3段階になる

①スタート　　②加速

ロスをします。

皆さんが部活で練習をたくさんしているのでしたら、すばやいタイミングで動けるような技術的な習得を目指すことも必要です。

ストップ&ダッシュは、ただ止まればいいのとは違います。止まる瞬間の位置、姿勢は動き始める最善の姿勢と合わせます。最高のスタートができる位置で止まることが出来れば、「止まる→スタート姿勢に直す→スタートする」という三段階が、「スタート姿勢で止まる→スタートする」という二段階になり、全体の速さを短縮し、なおかつチーム全員がそのような意識をもって展開すれば、試合での総ムダ時間を減らすことに成功します。

細かくなりますが、止まる瞬間は、動き出したい方向にスタート姿勢を向けて止まると、効率が良くなります。ほとんどの場合、走ってきた方向と違う方向に行きたいので、ターンをしながら止まる、というイメージになります。もちろん、相手やボールがある場面がほとんどですから、常にケースバイケースであることは言うまでもありません。

脚がつる、原因は？

ボクはよく脚がつっていました。走ったことでの疲労、発汗、発熱、ミネラル不足、インターネットで探せば、いろいろと出てきそうです。様々な状況がある中で、緊張する試合はふくらはぎが、心理的な働きによってけいれんを起こすし、疲れがたまっている時は、寝ている時に脚がつることもあります。睡眠時に脚がつる、これはツライ。もし脚がつったら、きつくても痛くても、即座に脚を伸ばしてください。ヒザを曲げてしまうと、それだけで回復するのに余計に時間がかかってしまいます。「つった！」と思った瞬間、脚を伸ばして、つま先を手前に引きます。つま先を伸ばすと、ふくらはぎが伸びないので、出来るだけ長座前屈の体勢でふくらはぎを伸ばしてください。そのままの体勢で深呼吸をしながら2分程度たつと落ち着いてきます。程度や場合、個々によっても違うので3分、あるいは5分かかるかもしれませんが、必ず収まってきます。

近くに誰かいれば、お願いして水分を補給します。落ち着いてきたら、伸ばしたままで、ヒザの真下あたりのふくらはぎにグーッとゆっくりと圧をかけます（押します）。リラックスし、肩の力を抜きながら繰り返すとふくらはぎは弛みやすくなり、緊張状態が解けてきます。その場から移動出来るくらいにはなります。このやり方は、ボクが学生時代、軍医さんだった先生から教えていただいた方法で、ボク自身何度もやりました。ひとりで対処できる最も単純明快な方法なので、みんなに勧めています。

つった方の脚を伸ばす

走り過ぎて疲れてつったら、温めてほぐしてください。心配なのは、「頻繁に」脚がつる人です。もしあなたが心配なら、医師の診断を受けた方が良いです。

予防策はたくさんあります。練習の前後は、少しずつ水分を摂取してください。一気に水分を摂取するのは良くないです。2時間の練習では500㎖の水筒1本分を飲む、夏の暑い時期なら1ℓにする、など、時期や場合に応じて調整しましょう。

ふくらはぎにかかわらず、筋肉が固くなるのは一般的に良くない状態です。温めて弛めたり、お風呂上がりや寝る前に静的なストレッチングを1か所につき1分から2分くらい、長めの時間を使って行います。肩周り、背中から腰、太ももの前と後ろ、ふくらはぎ、足の指、と全身をケアすることです。特に毎日練習をしている人は、なかなか柔らかくなっていきませんので、根気よく続けてください。

乳酸は正義の味方だった

「乳酸がたまって、走れない〜」

走らされて、疲れて、たくさん練習をして、もういっぱいいっぱいな時の常套句《じょうとう》でした。身体の中の老廃物、乳酸こそ悪の根源、というのが不動の位置でしたが、現在の科学では立場が変わりました。

東京大学の八田秀雄教授の研究によって、乳酸は運動時における使いやすいエネルギー源のひとつであることがわかりました。筋肉のエネルギー源は糖ですが、糖はたくさん貯蔵しておけません。乳酸は糖を分解してでき、激しい運動では、糖と乳酸を使って継続的に動いています。

マラソンでも、サッカーでも、最後の場面では乳酸がたまるから疲労するのではなく、乳酸が減っていき疲労するのだそうです。

乳酸が作り出される速さと、乳酸を消費する速さが、激しい運動のギリギリでせめぎ合っています。スポーツ科学を利用した現場では、乳酸の濃度を測定して、乳酸の生成と消費のバランスがとれた負荷はどのくらいであるか、をプランニングする時代に変わってきました。

乳酸は、ほんとうに疲れたときには、溜まっていなかったのです。逆に、たくさん利用してきたのです。今まで、さんざんバカにしていたけれど、ごめんなさい。

第三章　「走る」とはどういうことなんだろう？

部活で走っていますか？

スポーツ医科学の発達や研究によって、スポーツ界でも、練習方法がいろいろと生まれています。新しく何かが生み出されては、時間の波にさらされて、消えていきます。昔ながらのものでも、時間に打ち勝って残ったものには、必ず残るだけの理由が存在します。

温故知新、という言葉がありますが、ほんとうにそうです。古い中にも、本質的にどうしても必要で、物事の核心をついたことが存在します。そして、その中にこそ、新しい技術革新のヒントがあります。

「走る」のは、高価な器具や施設を必要としないけれど、結果も残せるとても効率の良い身体訓練方法だと思います。私たちスポーツ人の「肌感覚」で日常的に重要な練習方法のひとつとして選択をしている、と結論付けてもいいのではないでしょうか。二〇世紀以降、科学の進歩、特に生物学、物理学、心理学、人類学などが応用されることによって、「スポーツトレーニングはなぜ必要なのか」が明確になってきました。

インターネットで検索すれば、スポーツでトレーニングすることの方法論は無数と言っていいほどたくさん出てきます。

マシン、シャフト、ダンベルを使ったウエイトトレーニングは、その代表ともいえるでしょう。

「走る」ことは、腹筋、背筋、腕立て伏せと同様に、淘汰《とうた》されずに生き残っているのです。古今東西を通じて、きわめて多くの先生、コーチから選択されてきた証拠ですから、必要なことだと、認めざるを得ません。みなさんも、走ること自体に、嫌悪感を持たず、積極的、肯定的に受け入れてください。走らされるばかりでなく、自分で面白さを発見出来たらいいですね。

ただ、忘れてはいけないことがあります。

もしあなたが自発的に走るとして、「時間が余ったから走ってきます！」では、ちょっと芸がないです。「○○をしたいので走ってきます」と言えたらかっこいいです。あなたにとって、走ることに明確な目的をつくることが大事です！　ボクはこのように、練習自体に自分なりの目的をもたせることを「生きた練習」と表現しています。

もしサッカーやテニスの選手が、次のように言えたらビックリしちゃいます。

平岩さん！
この間の試合で、切り返すときのストップ&ダッシュで、止まってからリスタートする時の反応が悪かったので、スタートの練習をしてきます。

ちょっと欲張り過ぎかな？
かっこよすぎるな～。
現在は、「走らされる」ことについての問題が大きくなってきたのも事実です。学校では、厳しい練習と体罰、教育とスポーツ、の境目がわかりにくくなっているからです。

世論は教育問題に対して寛容ではなくなってきました。学校と生徒、わが子がかわいい親との信頼関係の再構築が必要な時代になってきたと痛感します。

だからこそ、自分から走ろうとする人も、走らされている人も少しでもいいから、走る目的と走る楽しさがわかってくれるとボクはうれしい。古くさい、ただ根性をつけるためだけの練習ではないのです。

そのくらい走るというのは、技術的、心理的、身体的にとても深く面白いものなのです。

元気に走ることが一番大事

熱を自分から発生する。

私たち有機体（生命）にとって大切なことは、熱を自ら発生させる本来の働き、元気であり、明るさであり、熱をまた誰か、あるいは何かに伝えることです。「手が付けられないほど、元気な子どもでね〜」というのは、誉《ほ》め言葉以外の何物でもありません。

最近は、子どもらしくない子どもが多くなってきたように見受けられますが、いつでもどんな世の中でも、まわりをパーッと明るくしてくれる存在は、かけがえのないものです。現代社会でも、スポーツや動物などの明るいニュースや、にぎやかで明るい職場は楽しく、作業効率が高くなるのです。

元気に、思い切り走る。

生きていく上での最大の自然法則です。

ボクは教育者なので、どうしても「正しく」と教えがちになってしまいますが、正しく走ろうという大きなテーマの前に、元気よく思い切り走る（行動する）ことが、もっとも読者の皆さんに伝えたいことです。

では、丁寧に説明しましょう。私たちの身体は、身体と心を別々にしてトレーニングすることは出来ません。皆さんは、「パフォーマンスを発揮して」という言葉を使ったり、あるいは聞いたりしたことはありませんか？　スポーツのパフォーマンスとは、試合や競技会において、発揮、表現、発現できた能力全般を指します。

このパフォーマンスレベルは、調子の良し悪しや、スポーツの技術力さえ良ければ高くなるというものではありません。心理的なものや、各個人における能力差、あるいはその日の天気や気温などの条件など、様々な要因によって変化します。

誰もが経験していますが、これから出場する試合のレベルや試合相手がどのくらいの力なのか、によって心身の状態は左右されます。だいたい自分の能力の程度はわかりますから、これから出場する試合が自分にとって大した試合でなければ、モチベーションが上がらず最高のパフォーマンスを発揮する状態になりません。逆に、自分の能力よりもほんの少し上のレベルで、なおかつ「チャンスがあるぞ！」と思えるような試合は、パフォーマンスが発揮しやすいです。よくある話ですが、あなたの試合を応援してくれる人によってもパフォーマンスレベルが変わります。自分が好きな子が応援してくれたら、気持ちが入りますよね。

正もあれば負もあります。自分にとって都合の良いことだけではありません。「ここでポイントをあげたら優勝だゾ！」と思った瞬間、力が入り過ぎて勝てなかった、という経験はありませんか？「明日が大切な試合だと思うと不安だ、緊張するなあ」、ということもよくある話です。

「試合の当日、家族の誰かが事故にあった」、それだけであなたの心は動揺してベストな状態ではなくなります。

脳内物質であるドーパミンは、心の状態によって刺激され神経伝達物質として分泌されます。筋肉の働きや、瞬時の判断は神経の伝達によって行われますから、もしあなたの心が沈んでいたら、それだけでパフォーマンスは低下するでしょう。体調そのものがあまり優れていなくても、試合への意気込みが最高の状態であれば、多少体調が悪くても、それを吹き飛ばすくらいの活躍が出来るかもしれません。

ボクもかつて、何度となく経験しました。前日の練習があまり良くなくて、筋肉の張りも少し強く残っている。直前まで自分の状態に自信は持てなかったけれど、レースに対してはずっと気持ちが入って、「よし、やれるぞ」としか思わなかった。結果、自己記録で優勝！　なんていうことを。

ここ、という時に活躍できないと、「メンタルが弱い！」と言われませんか？

ボクからすると、だからこそスポーツは面白いのです。

心の状態が不安定だったり、急に切り替えて良くなったり、そうやってスポーツのパフォーマンスは課題がうまれ、時には技術的な何かを得られます。心の状態は、常に不明瞭で、揺らいでいます。そんな自分の在り方を基準にして、普段の練習に対し工夫を加え、次に向けて克服し、頑張ろうとすることが大切です。

走り方を正しくしようとする努力は絶対に必要です。しかし、正しくしようとする裏で、エネルギー溢《あふ》れる元気な走りが突然失われてはいけません。一番大事なことは、とっておいてください。

満員電車でもたくさん酸素が使えるようになる?

たくさん走ると、ツライですよね。心臓がバクバクして。あれは、身体にいいことでしょうか?

もし、何度も走ることを繰り返し、呼吸が苦しくなるまで練習をしたなら、それはそれで効果があります。有酸素運動、という言葉を聞いたことがある人も多いと思います。あなたがもし、走り終わって「ゼーゼー」して、歩いて戻ってきてまた走って、を繰り返したなら、あなたの心肺機能、つまり心臓と肺、呼吸循環器系の機能は、強化されます。個人差がありますが、私たちは大気中の酸素約20％を吸ったら、通常の呼吸では16％くらいの酸素を吐き出します。つまり約4％しか体内では消費しないのです。

満員電車に乗っても、多少息苦しさを感じても、窒息死しませんよね？

体育館での全校集会が1時間以上かかっても、酸欠にはなりません。ちょっと考えたくないですが、電車の中や体育館では、大勢の人で酸素の使いまわしをしているのです。

ところが、激しい運動をすることによって、全身の細胞が酸素を欲しがりますから、16％も外に出している余裕がなくなります。4％しか使っていなかった酸素を、体内では5％、6％、7％と、どんどん酸素を使うようになるのです。それでも激しい運動は続く。そして、あなたの限界値がやってくる。「もう動けませ～ん！」その限界値を、最大酸素摂取量、と言います。トレーニングをしていない人は、酸素を取り入れる能力があまり高くないです。

厳しい練習をすることによって（呼吸が苦しくなるような練習をして）、徐々にあなたの身体は「もっと酸素を取り入れる能力をあげようぜ！」と適応していきます。適応すると最大酸素摂取量も上がっていきます。つまりエネルギーを循環させて、疲れにくい身体が出来ていくわけです。バンザーイ！

この能力も最終的には個人差が出ます。身体が大きい人もいれば、小さな人もいる。練習をして適応させても、酸素の取り込みが心肺機能はもちろん、細胞の酸素交換レベルで得意な人もいれば、酸素の取り込みが苦手な人もいます。


ところがこの最大酸素摂取量を測定するにも、人間の我慢どころを操作するわけにはいきません。「生体的な限界」と「心理的な限界」の両面があって、「キツイ」と感じるあなたの気持ちが反映されてしまうのです。測定していても感じます。「もう少し、粘ることができたんじゃない？」と。ところがやっている本人は、「もうムリ！　死にそう！」とやめてしまう。

わかりやすくいえば、心臓の拍動が荒くなったところですぐにあきらめる人は、刺激が少ないので適応も起きにくく、頑張れる人は、刺激に対して高い適応が起きるのです。

ただし、時には「やらされ過ぎ」たり、「余計な頑張りをし過ぎ」たりする人は、自分の適切な運動量を超えてしまうことがあるので、注意しないといけません。

練習は、し過ぎても、しなさ過ぎてもいけない。

こう書くと、私はどのくらいの運動量がいいのだろう？　教えて！　と読者の皆さんから言われそうです。

あなたにとって最適なゾーンは、成長の程度、もって生まれた能力、練習をしてきた経過や成果、環境や気候条件など、人によって違いますから、直接会っていない方に対して、残念ながらはっきりと申し上げるわけにはいきません。

いずれにしても、心と身体はお互いに働きかけをして、自分自身の能力を磨いていきます。まさに人間っぽい話です。


たくさん走ることは、すべてがキツイことではなく、知らない世界に飛び込んでいった時に必要な新しい世界の洗礼と経験の場であったというわけです。

坂ダッシュで鍛えよう

坂ダッシュは脚が太くなる？

部活で走る、名物練習といえば坂ダッシュ！

定番ですね。ボクが卒業した船橋東高校にも「おあつらえ向き」の坂があって、よく走らされました。特に100m近くある上り坂のランニングは、毎回イヤな思いをしました。

さて、この上り坂走はいったいどんな効果があるでしょう？

主には、押し出す脚力と心肺機能の強化です。

そんなの当たり前？

いいえ、案外わかっていないことがあります。

坂ダッシュは、とても良い練習のひとつです。上り坂の傾斜は、身体を前に進めるために大きな力を発揮することを強要します。平地を走るよりも、かなり頑張らないと、前に進まない、つまり、進むために、お尻や脚の前部分（大腿四頭筋《だいたいしとうきん》）をたくさん使おうとします。重心を力強く押し出してくれます。自動車でいえば、最初のパワーを発揮する一速（ローギア）の役割を果たします。走る練習の中で、とても役に立つ練習です。試合を行わない時期の1、2ヶ月は週に1、2回のペースで坂ダッシュを行います。10m、20m、30mなど短い距離をそれぞれ3～5回程度しっかり走れると、とても効果があります。

力強く押しますから、脚が太くなりそうです。

ん？

脚が太くなる？

実は、これも一概には言えないのです。元々、成長や筋肉のつきやすさは、生得的（遺伝子レベル）なものが多くをしめます。同じように練習をしても、筋肉がつきやすい人、なかなか身体が大きくならない人、様々です。これは持って生まれたものです。

後ほど詳しく説明しますが、走るときの着地や姿勢が悪いと外側広筋《がいそくこうきん》といって、太ももの外側の筋肉を優先的に使ってしまいます。筋肉のつき方は、先天的（生まれつき）と後天的な面の両方が関与しますから、少なくとも走り方の悪さは、不自然な体型を作り出します。

①坂ダッシュで爆発的な加速をつける

②坂でもガニ股になり過ぎないよう注意しよう

坂ダッシュでは、どのような走り方が悪いかというと、ヒザが極端に外側に開いて、シューズの外側ばかりを使う走り方です。使う場所が外側広筋を主体にすれば、太ももの外側が出っ張ってきますが、足の裏をまっすぐに使って走れば、その割合は落とすことができます。

次に心肺機能の話をします。上り坂では、身体を重力と逆方向に押し上げますから、たくさんのエネルギーを消費します。山登りでも同じことが言えますよね。ゆっくりと歩いていても、斜度がキツイ山を登ると、息がきれます。山の斜面は様々ですが、だいたい平均斜度が5度を超えると、だんだん呼吸が荒くなり、汗が噴き出てきます。

同じ100mを歩くのでも、平地なら1分程度で歩けますが、斜面の急な山を登れば、体重を強く押し上げる作業が筋肉を疲労させ、多くの酸素を消費するため、5分以上かかることもあります。

傾斜にもよりますが、70m、100m、150mなどの距離のダッシュを各2、3回程度走りきる力がつけば、良い効果が得られるでしょう。

坂ダッシュの効用とともに、マイナスな部分があることも理解しないといけません。坂ダッシュをする際は、地面を押す1歩にかける時間が、平地よりも長くなります。重力に逆らう分だけ、1歩で多くの作業量をするので押し出す時間がかかります。自分の身体を平地よりも時間をかけて運ぶため、関節、筋肉を使いすぎることも覚えてしまいます。

後に述べる「力を強く伝える」時には坂ダッシュは有効ですが、「瞬時に伝える」時には、逆に不要となります。

坂ダッシュの動き方だけだと、走るのは遅くなります。坂の傾斜角度、距離を選ぶときには、どうしたいか、が問われます。砂浜ランニング、タイヤひきなど負荷をかけたランニング全般に同じことが言えるでしょう。

ツールドフランスに代表されるような、サイクルロードレースでは、3週間にわたる長期戦で総合成績を争います。1日に200kmを超えるようなロードの日もあれば、傾斜が10%以上の激しい傾斜の坂を10km近く登る山岳コース、独走でタイムを争うタイムトライアル、様々なチーム戦術など、多岐にわたる競技側面が堪能出来て、面白さ満載のプロスポーツです。個人総合で勝つ選手は、山岳コースが得意なクライマーがほとんどです。平坦なコースではゴールのスプリント勝負になることが多く、タイム差はそれほどつきませんが、山岳コースは一気にタイム差がつくからです。スプリンターとクライマーでは性質が違います。クライマーは、決してスプリントでは勝てません。でもスプリンターは、山岳地帯ではお荷物になるだけ。

箱根駅伝で往路山登り五区のスペシャリストが、世界の長距離やマラソンでは通用しない理由もこのあたりにあるのではないでしょうか。登りの走力がものすごく高くても、平地でのスピードそのものに対して課題が生まれます。その解決方法も本書の中にあります。

成長しているうちは、50m走が速くなる

身長が伸びているか、止まっているかは、本人だけでなく、指導する側も大いに気になります。

平成20年度

年齢	50m走			
	男子		女子	
	標本数	平均値	標本数	平均値
6	1113	11.57	1107	11.89
7	1109	10.65	1114	11.08
8	1106	10.19	1093	10.38
9	1115	9.65	1113	9.93
10	1109	9.35	1102	9.54
11	1117	8.88	1113	9.23
12	1381	8.48	1383	9.03
13	1386	7.92	1399	8.78
14	1399	7.53	1393	8.72
15	1394	7.56	1408	8.98
16	1417	7.41	1397	8.99
17	1411	7.35	1412	8.99
18	1030	7.51	1021	9.23
19	782	7.44	683	9.17

平成27年度

年齢	50m走			
	男子		女子	
	標本数	平均値	標本数	平均値
6	1108	11.41	1100	11.71
7	1093	10.70	1107	10.94
8	1098	10.04	1097	10.33
9	1111	9.60	1101	9.91
10	1122	9.29	1095	9.50
11	1093	8.78	1099	9.12
12	1339	8.50	1358	9.02
13	1325	7.84	1354	8.74
14	1346	7.47	1346	8.62
15	1346	7.47	1346	8.90
16	1353	7.29	1348	8.86
17	1355	7.16	1372	8.90
18	1000	7.32	947	9.09
19	743	7.31	613	9.03

図は、文部科学省が公表している平成20年度と平成27年度の年齢ごとの50m走の記録です。どちらの年度も、男子のピークが17歳、女子のピークが14歳です。男子は高校2年生で、女子は中学2年生くらいでしょうか。横断的かつ統計的に見てこの傾向は一般的である、と言えるでしょう。横断的とは、ひとりひとりの成長具合や、どんなことをして育ったか、という過程は判断材料にしない、という意味です。統計的には、世相を反映しますので、あながち悪いデータとは言えません。

わかりやすく言えば、子どもよりも大人の方が身体は大きいでしょう。だから50m走は体格が大きい方が速いんだよ、ということですね。身長が高いのは、手や脚の長さと比例します。脚が長いことによって、スピードを決める因子のひとつ「ストライド（歩幅）」が広がります。もうひとつのスピードの因子「ピッチ（頻度、回転数）」がもし同じであるなら、ストライドが広い人の方が速くなります。身長がだいたい止まってきたら、身体の構造は安定し始めます。骨も関節も、筋肉の付き方も落ち着いてきて、ようやく人間が本来もっている能力を、発揮できる準備が完了します。

走るだけなら背が高い人の方が有利です。しかし、背が高すぎると、今度は回転数の方が極端に落ちることもあります。

陸上競技で100mが速い人の身長を調べてみました。ウサイン・ボルト選手は皆さん、ご存知ですよね？

ボルトの身長は195cmと高いのですが、ベストタイムが9・85秒までのスーパースプリンター16名の平均身長は、180・9cmと、ビックリするほど高くないのです。ここにも「ただし」という言葉が使われます。アメリカでは、大学時代にスピードやジャンプ力がある陸上選手でも、もしバスケットボールやアメリカンフットボールをやっていて、ドラフトにかかったら、バスケットやフットボールの高額な契約金と年収がもらえるプロ選手になる人が大半です。実際、ボクがアメリカで修行していた時に、同室になった走り高跳びのアメリカ代表選手も、「NBA（プロバスケット）にドラフトされていたら走り高跳びはやっていなかった」と話していました。

日本人は今のような走り方ではなかった！

話はものすごく飛びます。

江戸時代まで日本人は右手左足を交互に振って歩きませんでした。右手右足、左手左足と動かして、あるいは手はまったく使わないで進んでいたんですよ。ボクもタイムマシンに乗って見てきたわけではないのですが、多くの資料で明らかになっています。昔の日本人は、着物を着て草履や下駄で歩いていましたから、男性なら裾をたくし上げ、半身になってべた足・小またで走っていたと想像がつきます。女性ならさらに小またで、ほぼ急ぎ足程度だったでしょう。もしパニック状態になって逃げる時は、両手を上にあげて走っていたようです。そんな姿がいくつもの絵に残されています。

このように同じ側を使った歩き方をナンバ（ナンバン）といいます。明治維新後、イギリス式の軍隊訓練法を取り入れてから日本国内に「走り方」が広まりました。私たちがみな同じようにやっているランニングフォームは、実はわずか百数十年ほどの歴史しかなく、しかも軍事目的で始まったのです。

ボクは小学校から中学校まで九年間剣道をやっていましたから、ナンバの動きは多少なじみがあります。竹刀を正面の相手を突くように構えるのを中段の構えというのですが、中段の構えでは右手を左手よりも前に竹刀を握り、右足を左足よりも前にして相手に向かいます。

経験と推測を交えて話をしますね。剣道では、はかまを穿《は》いて動きますから、下半身を大きく使うことに適していません。特にヒザをあげる、脚を挙上する、なんてもってのほかです。裾に足がからまって、動けそうもありません。基本形は足を上げずスッ、スッとすり足で動くことを教わります。歩幅を広げますが、逆に股関節やヒザはあまり動かさない傾向が強いのです。時間制限がなく、殺し合いをするには、自分が崩れてはいけません。すり足を中心とした動き方は、身体の安定性が非常に高く、ズッシリとした印象が強くなります。バランス性に優れ、自分の身を崩さずに戦う武術には合理的です。フランス生まれのフェンシングが、同じ右手右足の構えから、フットワークを利かして攻守を繰り返す動き方であることと比べると、両者の違いにとても興味がわきます。興味ついでといっては何ですが、日本舞踊や相撲など、日本の伝統文化の中でも、ナンバの動き方を目にすることが出来ます。特に、大相撲のすり足を見ると、腰を割った体勢から動く足と同じ側の手が、スッ、スッと出てきます。相撲とスポーツを同じ視点で計ることはできませんが、観察のしがいはあります。

現代スポーツでは、股関節を使ってダイナミックに動きます。強く、速く、さらには時間内に攻めてポイントを奪う、となったら、自ら動かないとスピーディーに攻められません。

動き方の特性は、その国の文化や歴史と大きく連動・関係して発展してきました。もし、あなたが歴史好きであれば、そんなことを考えながら見てみると良いのではないでしょうか?

今でも時々、子どもたちを指導すると、こんな場面にあたります。瞬間的、突発的に動かすと、両手をワッとあげて逃げたり、動いたりするのです。ボクの30年以上にわたる指導経験で、10数回は目にしました。長い長い日本人の習慣が残っているのではないか、と。

瞬間的な仕草やクセは、走り方や動き方に対して大いに影響を及ぼします。

最大の能力を発揮するために

クセは直そうよ

閑話休題。

あなたが、持って生まれた最大の能力を発揮するのは、先ほど述べた通り、成長期が終わった後です。その成長期の間に、身体が変形していたらどうでしょうか？

小学校や中学校のうちに、勝利一辺倒で、身体と心の成長よりもずっと早い段階で、開けなくてもよい扉をあけてしまったら、可能性をつぶしてしまうことになりかねません。

ボクは大学生以上の選手を見る機会が多いのですが、人によってこんなに違うのだな、といつも不思議に思います。「なくて七癖《くせ》」、と言いますから、誰もがいくつものクセを持ち、違う特徴を持つのはあたりまえのことですが、ほんとうに人によって違います。

もし、良いクセならば、大歓迎ですが、ほとんどの場合、「ひどいクセだなあ」というような、悪いクセを持っています。

悪いクセでも、簡単に直るなら良いのですが、大人になるまでにできたクセは直るまでには本当に時間がかかります。早くて半年、通常で2～4年はかかります。もちろん、直らないケースも多いです。

それでは、どのようなクセが多いか、以下に例をあげます。

頭の位置が前にある（頭部前方位）
猫背
ガニ股《また》（O脚）
内股（X脚、内反膝《ないはんしつ》）
足の内側、もしくは外側が浮く（内反足、外反足）
歩行時に脚が内回り、もしくは外回りする（回内、回外）
偏った立ち方

などです。

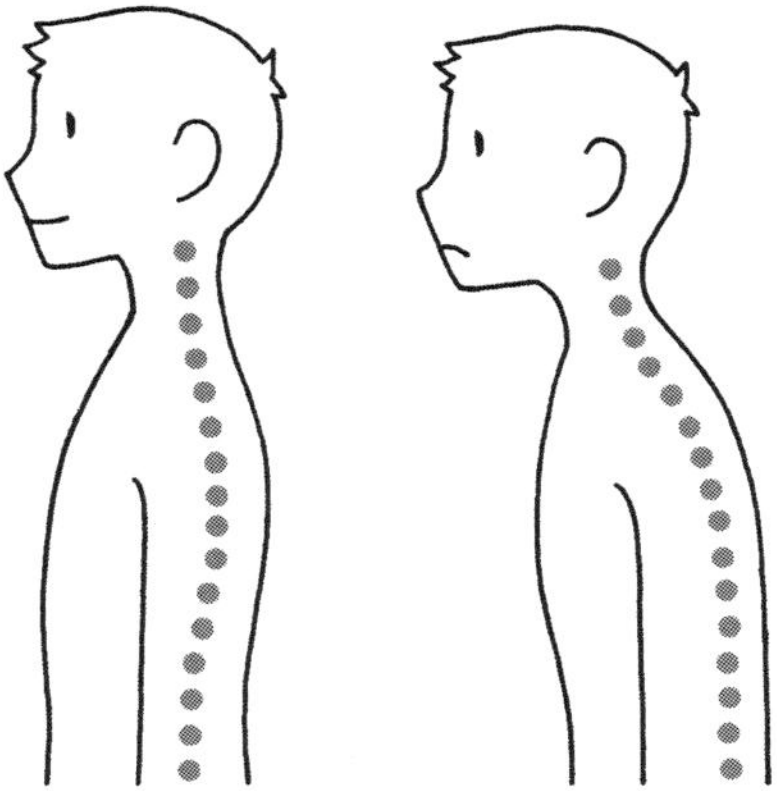

正しい姿勢　　猫背

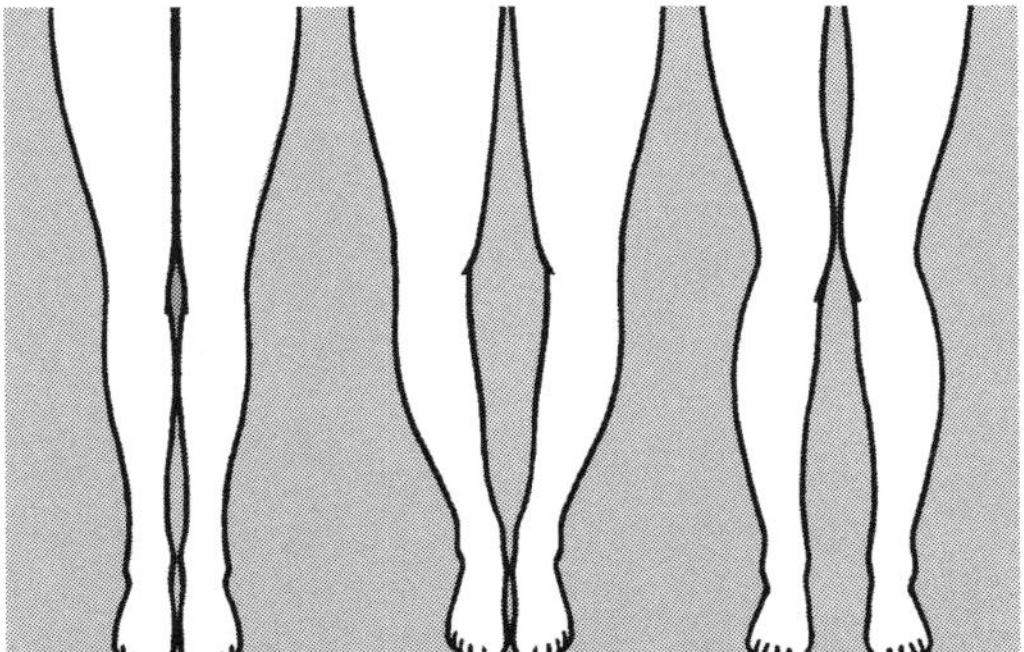

正常　O脚　X脚

ほとんどが骨格の変形ですが、動き方のクセも見受けられます。動き方のクセは、本書後半に書かれているような動き方を覚えていけば、改善されることもありますが、骨格の場合は簡単にはいきません。問題がある場合は、必ず整形外科医に診てもらい、状況を判断してもらいましょう。いまは、リハビリテーションの技術が向上していますから、リハビリをすることによって将来の展望が開けることもあります。何よりも、直す、というのは練習の時間だけでなく、日常から正さなければいけません。根気のいる毎日です。

そうならないよう、中学生、高校生の皆さんは、ぜひ気を付けてください。

日本人で特に多く見られるのは、O脚（ガニ股）と頭の位置が前方にある人です。これらを便宜上、「姿勢欠点」と呼びます。日本人、と書きましたが、他の国でも姿勢欠点のある人を見ます。町を歩くといつも、姿勢欠点のある子どもの割合が圧倒的に高いなあ、と感じます。

姿勢欠点は、日々のちょっとした努力の積み重ねです。気を付ければ、必ず変わってきます。

あなた、つぶれてます

世界で最高のスポーツ選手のイメージは、どのようなものですか？

サッカーでも野球でも、テニス、陸上、水泳。技術はもちろん、体格、精神力、人間性、と多くの面で傑出していますよね。つまり、総合的に高い能力を持ち合わせています。

先天的（生まれつき）だよ！　というかもしれませんね。そうです、先天的な能力は否定できません。しかし、先天的な能力を持っているかどうかは、努力しないとわかりません。どのような努力をするかが大切です。扉は自分で開けるしかない。

もし、本書を手に取っているあなたが、将来素晴らしい選手になりたいのなら、姿勢欠点を持たずに成長してください。

スポーツの能力を発揮する際、姿勢欠点は力の伝達に対して、大いにマイナスに働きます。わかりやすい言葉でいうと、「つぶれている」のです。

私たちの身体は、地球の重力があるから、力を発揮できます。地面、あるいは地面に接した固定物に身体のどこかが着いた瞬間、筋力は働き、身体は動くことが可能になります。ところが、頭の位置が全身にとってバランスの良い位置にのっていなければ、地面に着いた瞬間、関節は衝撃を緩衝し力を発揮しにくくなります。

自分の姿を鏡でみてください。正面から。横から。

あなた、つぶれていませんか？

次に、動きの中でつぶれる現象について説明をします。

まず簡単に試してみましょう。

その場で立って、壁の近くに身体をまっすぐにして立ってください。

片手を壁に向かって伸ばします。体重を傾けながら、手の平の一番下の部分を壁につきます。

① この時、ヒジを曲げて着くと、どうなりますか？

② まっすぐに着くとどうなりますか？

①ヒジを曲げる　②まっすぐに着く　③斜めにする

③　腕を斜めにして着くとどうなりますか？

それぞれ結果が違うはずです。
答え合わせをしましょう。
①の場合、ヒジ関節に負担がかかってグニャっとしますね。そんなことない！　って人はかなり踏ん張りましたね。
②の場合は、少しヒジにピン！　と張る感じが出て、ダン！　とつきます。
③の場合、手のつく位置と身体がずれて、身体が壁の方に行きやすくなります。

どうですか？　何度かやってみると、要領がわかってきます。ヒジに負担が来ない程度にやってみてください。どれが本書の目指す着き方だと思いますか?

はい、答えは②です。

手をうまく着くと、ちょっとだけ跳ねることが出来るようになってきます。ポン!という感じです。コツは、手首を固めて手首、ヒジ、肩関節の働きを関与させないことです。

これが、「つぶれないで跳ねる」原理です。壁に向かって、まっすぐに手を着くのですが、斜めだったり、横ブレをしたらとても跳ねにくいです。ヒジが曲がってしまったら、跳ねるどころか手では支えきれずに、身体が壁にぶつかってしまうこともあるかもしれません。

体操選手は、手で跳ねる原理を使って跳馬や床運動をします。この簡単な手の実験を、手＝脚、壁＝地面、としてイメージの転換をしてください。原理はまったく同じです。地面に着く瞬間、あなたのヒザが外や内に崩れなければ、スピードは出やすくなります。手首、ヒジ、肩関節を固めたように、あなたの背中、ヒザ、足首がつぶれないで動くのは、ちょっとしたコツなんです。

元に戻りましょう。

あなたの頭の位置が、身体の中心よりも前にあるなら、背中が力の緩衝地帯となってスピードや力を発揮「させにくい」原因を作ってしまいます。

またガニ股は、普段の立位姿勢でもヒザの中心が身体の外側を向いています。ボクは整形外科医ではありませんから、解剖学的なことははっきりと言えませんが、骨盤からニョキっと出てくる大腿骨（太ももの骨）が、根元から外に向けて出ているのではないかと思います。

もし、「固いこと」が原因であれば、自在に動くよう股関節運動を施すことによって改善が期待されます。この方法についても、後ほどいくつか紹介します。

まっすぐに立てればいい

ウサイン・ボルト選手、C・ロナウド選手、メッシ選手、マイケル・ジョーダン選手、もちろん日本人の一流と言われる選手でも、姿勢欠点を持っている選手はいないです。

学校やクラブでもそのように教わっているかもしれません。

姿勢の良さは、バーベルやダンベル、器具などを使用した筋力トレーニングで作ってはいけません。筋肉を鍛えることで基本パターンを作り上げるのではなく、何気ない日常の生活や遊んでいる中で、勝手に育《はぐく》まれるのがベストです。学校の登下校、階段の上り下り、でこぼこ道やら坂道。重い荷物を運んだり、立ったり座ったりする。そうやって、二足歩行動物としての私たちは形成されました。「私たちの代だけ」で都合よく物事を解決しようとするのは、浅はかです。

あなたの身体を真上から見たら、ピン！　と自然に伸びた姿勢は、中心におさまっています。この状態が、ムダのない動きをし、近い将来パワーを発揮しやすくしてくれます。

私の友人で、内野手としてプロ野球・読売ジャイアンツで10年間プレーした佐藤洋さんという方がいます。佐藤さんは、私が知る限り、子どもに対しても大人に対しても、野球の教え方が一番上手です。とてもわかりやすく、かつ将来の発展性に対して楽しくアプローチします。その佐藤さんが、いつも使う言葉が「まっすぐに立てればいいんだよ」という言葉掛けです。スローイングやバッティング指導で、最も大切にしているそうです。立つ状態が悪いと、投げる時の肩やヒジの使い方、打つときのスイングの仕方に悪いクセが出てしまい、技術的な伸びが期待できないようです。とても示唆に富んだコーチングだなと、いつも感心します。

無理なくまっすぐに立っていることが、様々なスポーツや武道において共通して、将来に向かってあなたの技術を伸ばしてくれるでしょう。走ることは、接地＝足が地面に着く時の衝撃によって身体は強くなっていくという話をしました。真っすぐな姿勢で接地をすることが、この後の章で述べる力を伝える作業により、さらに走る能力を高めてくれます。

誰にでも出来そうで、ものすごく簡単そうなこと。

それがもし、崩れていたとしたら、とんでもないことが起きそうです。

脅すつもりはありませんが、私の経験でこんな事例がありました。

スピードが出ない（遅い）

ジャンプ力がない（低い）
腰痛や肩こりなどの慢性的な症状がおこりやすい
見栄えが悪い（美しくない）

いやはや、ろくでもない事ばかり起きそうです。

この姿勢欠点を助長させることがもうひとつ。学校やクラブで使用するリュックサックタイプのバッグ。重たい荷物を担いで、二宮尊徳《にのみやそんとく》のような格好で登下校している姿をよく見ます。二宮尊徳のように、背中と荷物の接地面が付いていれば良いのですが、多くのリュックサックタイプのバッグは肩の部分が離れてしまい、担いでいる子どもたちは前傾を余儀なくされます。背中の接地面が少なくなってしまえば、背中とバッグの間に空間が出来て、頭部がより前方に突っ込んだまま歩行しますので、姿勢欠点を誘発します。この悪影響はいかばかりか、と常に胸を痛めます。

まっすぐな姿勢が健全な身体を作る、という常識が広がってほしいものです。

第四章　プロスポーツ選手がもっているアンテナ

自分の動きを感知できるか

早歩きができないプロ野球選手

今までは、外から見た姿を述べてきました。今度はちょっと頭を切り替えて、「自分を発見する」という内面の話をしていきます。内面といっても、座禅を組んだり部屋にこもって考えたり、ということではありません。身体を動かしながら、自分の状態がどうなっているのか、感知する力のことです。ボクは選手たちには「アンテナが立っているか」と聞きます。自分のことを感知できない人は「アンテナが立っていない」のです。アンテナを立てることは簡単に出来ます。また、アンテナが立っているか、立っていないか、見てすぐにわかります。立っていない人には、「トントン感覚」のところ（第六章）でアンテナの具体的な立て方を教えますから、ここではプロの選手たちがどう自分のパフォーマンス向上のヒントをつかんだのか、を書いてみます。きっと参考になると思います。

ボクが一番長く関わっている、渡辺俊介投手の話です。渡辺投手は、ミスターアンダースローとまで言われた日本球界を代表する選手のひとりです。彼は、身長177cm、体重70kgと飛びぬけた体格の持ち主ではありません。高校、大学の時には、ほかにエースピッチャーがいて、二番手でした。後に日本を代表するような選手が、ジュニア期に目立たない存在だったのは、珍しいケースです。

渡辺選手が大学3年生の時の春季キャンプで、一緒に外野のフェンス沿いを歩いている時に、あることに気が付きました。

「あれ？　歩くの変だぞ？」

とはいえ、特別メチャクチャな歩き方をしていたわけではないのですが、「ヤな感じ」がしました。

「俊介、まっすぐに歩いてみて」と伝えました。

渡辺投手は、不思議に思ったのか、「まっすぐ」という意識を持ってしばらく歩いたのですが、見ているボクからするとどうも「ヤな感じ」が抜けない。

「早歩きをしてみようか」

ボクも一緒に早歩きをしたら、ついてこられない。最初は冗談かと思いました。芝生の上をスタスタと私は歩くのに、後ろでは、早歩きに四苦八苦。まあ、驚きました。この世の中に早歩きが出来ない人がいるなんて。出来ないのは早歩きだけではなかった。スキップも後ろ歩行も、やってみたらバタバタ。

「平岩さ〜ん、歩けません！　どうしたらいいか、わかりません！」

おかげで、早歩きを教える方法を身に付けさせていただきました。渡辺投手に感謝。渡辺投手は、「体重を移動する」能力が、圧倒的に欠如していたことがわかりました。その後、何日もかけて「どうやったらスムーズに体重を移動できるか？」という作業を繰り返しました。渡辺投手の素晴らしい点は、この作業（早歩き）を「できたか、できないか？」ではなくて、「わかるか、わからないか？」と自分の中の気付きをテーマに転換したことです。感覚をつかむアンテナを立てようとしたのです。１９９７年くらいで、まだ我々はアンテナの立て方も伸ばし方も知らなかった頃、渡辺投手は勝手にそのアンテナを立てようとしたのだから立派です。

以後、渡辺投手は自分の体重が自分のどこにのっていて、それをどう操作すればいいボールが投げられるのか、と感覚の領域を広げていきました。

第1回のWBC（ワールドベースボールクラシック）では、決勝トーナメントの直前、日本にいた私に突如電話がかかってきました。

「平岩さん、困りました。アナハイムのマウンドからホームの芝が、まっすぐに刈られてなくて、芝目が曲がってるんです！

バッターに向かっていく方向がどうしても合わないです！

あのマウンドで、投げる方向を作れる気がしません！　どうしたらいいですか！」

そんなこと言ったって、と思いましたが、アナハイムスタジアムのイメージを浮かべながらこう伝えました。

「マウンドに上がったら、2、3歩でいいからライトポール（右の外野のファールとフェアゾーンの境界を示す黄色いポール）に後ろ向きで、まっすぐ歩いてみて。きっと方向が作りやすくなるよ」

実際のところ、ゲームで「投げる方向」という感覚を作れたのは、彼自身の努力が99・9％です。

「まっすぐな」という言葉は、視覚的な（目で見える）まっすぐと、まっすぐに立っていることで作る（足の感じの）まっすぐ、の2通りがあります。常に自分の中に芽生える別な角度で動く感覚をつかめるといいですね。

ラクロス女王の憂うつ「それ、ジョギングだろ！」

ラクロスは、クロスというネット状のスティックを持って走り回り、ボールをキャッチ&スローをして、ゴールポイントを競う、攻守の切り替えや選手の当たりが激しいすごく面白いスポーツです。

ラクロスの日本代表をつとめ、さらに世界のトップと渡り合うため、世界ランク3位のオーストラリアへ渡ったプロラクロス選手、山田幸代《さちよ》さんの話をします。

最初に電話がかかってきたのは、11月の寒い夜でした。「日本代表として活躍したけれど、より高いレベルで戦うため海外に出ました。昨年のワールドカップではオーストラリア代表になれませんでしたが、3年後は絶対に代表になりたいです。絶対メダルを取りたい。日本に帰国してオフの間、オーストラリア代表入りのために厳しい練習をしたいので見てもらえませんか。トレーニングは欠かさずやっているので練習はついていけると思います！」と、まあテキパキと自分の意志を明確に、しかも強く伝える女性でした。

石垣島で初めて練習をした日のことは、一生忘れません。何はともあれ、山田さんの能力がわからなかったので、ボクはアップを終えた後に、

「山田さん、30mのダッシュをまずは3本してみてください」と言いました。

「ハイッ！」

威勢はものすごく良かったのですが、その威勢とは裏腹に、彼女はまず、ジョギングを始めました。

「あっ、まだ準備が必要だったんだな」とボクが思ったら、彼女はまたジョギングをし

ました。

歩いて戻ってきて、またジョギングをする。5回、6回と繰り返す。

「山田さん、そろそろダッシュしてみて」と言ったら、

「ずっと全力で走ってるんですけど、おかしいですか？」

「！！！」

愕然《がくぜん》としました。あの時のショックは言葉には表わせません。ボクの目には、市民ランナーが早朝のロードワークをしていたところに、たまたま出くわしたくらいにしか映りませんでした。この小見出しには「ラクロス女王の憂うつ」と書きましたが、実際に憂うつだったのはボクでした。トレーニングをしたことがないならともかく、トレーニングが好きで、32歳のダッシュ出来ない選手が、果たしてダッシュ出来るようになるのか？

最初のボクの評価は10点満点中、ダッシュは0点、でもやる気を評価して0.5点、というレベル。本人にもそう伝えました。

山田さんがスゴイのは、信じたことはとことんやること。ネバーギブアップの精神が

尋常ではないこと。

ボクが指導したのは、正しく身体が跳ねる感覚を持とうとする瞬間やそれが出来なくても、出来そうな小さなきっかけを見逃さずに「それ！」と自信をつけさせてあげることでした。

動き方を徹底的に繰り返し、山田さんは、「平岩さん、頭の中がプシューッ！ と音を立てています」と笑いながら混乱、混乱、混乱の毎日を送りました。きっとラクロスどころではなかったでしょう。でも速く走ることは、山田さんにとって代表に選ばれるために一番大切なこと。その年のタイムリミットだった2週間がたって、「合格じゃないけど、合格」（10点満点で2点か3点）と伝えて終了。山田さんにとって、一番レベルが低かったのは、ラクロスのオフェンス、ディフェンスのテクニックではなく、ましてや筋力では絶対なく、プレー中のスピードや素早く加速する変化率が低いことだったと判断しました。

そして翌年。本書を読んでいる皆さん、普通は、1度教えて、1年ぶりに練習をしたら、また1からやり直し、というのが相場です。山田さんはオーストラリアで生活をし、1年後日本に帰国して、再び一緒に練習をしました。

「また0.5点からのジョギングスタートかな」と思ったら、意外や意外、3点から始めることが出来た。これまた驚きました。オーストラリアでも忘れずにやっていたのですね。信じたことは自分の中でトコトンやる強さをはっきりと見ました。

が、しょせん3点。試合で使えるレベルの内容ではありません。リミットはあと2年。ラクロスのゲームで使えるスピードをつけるために、スプリント能力（高いスピード次元）とボールを扱った状態でのスピード能力を持たせる必要があり、「頭がプシューッと」なるよう、どのように力の使い方を変えたらよいのか、幾度となくスプリントや加速の練習を繰り返しました。

さらに翌年、山田選手は数次に及ぶトライアウトを突破し、オーストラリア代表に選出、ワールドカップは惜しくも4位でしたが、次に行われた同等のワールドゲームズで銅メダルを獲得しました。意志を貫徹する素晴らしさに脱帽します。ほんとうに素晴らしい選手です。

特筆すべきは、山田選手の意志とやり続ける強さ、率直にいうと、泥臭い根性。そしてその裏に隠された、人を思いやる優しい心や竹を割ったような性格が懐かしく思い出されます。

彼女が頻繁につかっていた言葉、「頭の中がプシューッ！」というのは、こんなことだと思います。

自分がしなければいけない動き方は、説明をきき、見本を見せてもらいわかってきた。だけど、いざやってみると身体が思うようにいかなくて、自分の頭と身体が複雑に戦っている。とても簡単そうな動き方なのに。簡単なことがうまくいかないなんて、ほんとうに悔しい。でも、私は「絶対に」この状態を打破したい。だけど、打破できない。アー困ったなあ。いや、元気にやってみよう！

ん？

ん？

あーーーー、ほら、また違う！

絶対に違う！

プシューッ‼

さて、どうやって山田さんのスピードが劇的に伸びたかというと、本書の「走りの正体」（第六章）を参照してください。ボクにも良い経験になりました。

マッチョの悩み、走れるけど、伝えられない！

もうひとり、ボクの大好きな選手、プロ野球千葉ロッテで10年以上ピッチャーとして活躍した古谷拓哉選手の話です。初めて会った時には感心しました。スゴイのなんの。身体がゴツくて、筋肉質。鎧《よろい》のような身体をしている。実際に、トレーニングをすれば、スクワットは得意だし、重いダンベルは平気であげるし、腹筋ときたら板チョコよりも割れてるだろ！　という感じでした。

走るのもかなり速くて、ランニング練習だけをとっても、誰にも引けを取らなかった。いわゆる練習映えする選手でした。

古谷投手は、悩むことが趣味のような側面を持っていましたから、たくさんの課題についてて今まで話してきました。ボクは何でも屋さんではないから、時には「わからない」という答えしか出せませんでしたが、多くのジャンルについて相談されました。

彼の悩みのひとつは、力が伝わることがわからないことでした。身体を柔らかく使ってみる、頭の位置を正して猫背を直す、横方向の感覚を出す、などは解決していったのですが、力を伝える感覚は、ずっと先送りされた課題でした。選手は理屈のすべてがわからなくてもいいのですが、少なくとも力を伝える感覚は持ち合わせていませんでした。だから、思い切って「エイっ！」と投げれば、プロ野球選手として活躍したくらい速いボールは投げられるのですが、さらに上を目指すには、筋肉の強さや柔らかさだけではないもうひとつのもの、自分の中の感じが欲しい。古谷選手はいつも、下から上に伝わる感じが欲しかった。力まないでも、頑張らないでも、ピュッとボールに伝わる感じが欲しかった。でも、よくわからなかった。それでも、人よりも強い力は出せる。


きっと、自分が求めるものに対して何かが違ったのでしょう。そして、いつも「どうしてだろう？」と自問自答していました。

練習をする石垣島で、海を眺めながら自分を探している彼の姿は印象的でした。満天の星を期待して小笠原《おがさわら》諸島まで一緒に見に行ったけれど、ほとんど星は見られなかったし。

渡辺投手や山田さん、同じように10年近く一緒に練習をした久保康友投手のようにはいきませんでした。ボクとの10年間の練習では、答えを見つけられませんでした。しかし、ホントにこんなことがあるんですね。

もう引退を覚悟していた頃、ボクに電話がありました。練習をしていて、あれ？と思ったそうです。もしかしたら、と感じたそうです。

「平岩さん、下半身から上半身に伝わる感じが、ここにきてわかったみたいです。いま、投げるのがとても面白いです！」

弾むような声でした。

きっと神様は、一生懸命な人にお土産をくれるんだ、と思いました。

力を伝えるってなんだろう？

3人のプロスポーツ選手の例を読んで、読者の皆さんは、いったいどんなことを感じましたか？

歩き方もわからなかったのか？

ダッシュができなかったのか？

全然ダメな人たちだなあ～と思った人もいるかもしれません。

ところが、そうではないのです。プロ選手はスーパースターの集まりなのですが、スーパースターの中にも、いろいろな人たちがいます。

「どうやったら、速く走れるんですか？」

「コントロールをよくするには、どうしたらいいですか？」

スーパースターに聞いても、ほんとうの答えは返ってきません。

考えなくても勝手に出来るから、彼らはスーパースターになれるのです。

先に挙げた3人の選手を含め、ちょっとした事がきっかけで、自分の動き方がよくなったり、それまでの違う感覚の世界が広がったりすることがあります。

特に、力を伝える感覚は、本人にしか切り開くことができません。体重を5kg増やす、ベンチプレスで持ち挙げる重量を、50kgから60kgにする、などの数値目標ではないからです。ボクは「力を伝える感覚」という表札がついた家の玄関に案内することはできます。しかし、玄関をあけて家の中に入るのは、あなた自身です。


力を伝えることを、もう少し詳しく説明していきましょう。

重力の発信元である地球と自分の身体は、何をするのも一致団結して、作業をします。

例えば、遠くにボールを投げます。速いボールを投げるのもそう。遠くにボールを蹴《け》るのも、ボクシングで強いパンチを打つのも、力を伝える作業です。


ボクが高校生を教えた時の話です。

バスケットボールのフリースローラインから、リングまでシュートが届かない高校生がいました。何度投げても、届きません。何日やっても結果が同じなので、その高校生は、あきらめてしまいました。特別身長が低いわけではありませんでした。中肉中背の健康体です。外見では、ちょっと華奢《きやしゃ》だな、くらいで、決定的な原因はまったくわからなかったのです。

ある時、その高校生が、砲丸投げ用の4kg砲丸を持ってボーリングのように転がしたところ、転がらないのです。転がすのもできないんだ！　と思いました。砲丸を一生懸命転がしているのに、全然転がっていかないので、注意深く見たところ、当たり前のことに気が付きました。へっぴり腰だったのです。まるで腰を入れてないのです。この子は、重たい砲丸を手だけで転がそうとしていました。この子に、腰を入れて砲丸を転がすことを教えたら、少しだけ転がる距離が伸びました。ついでに、同じ要領で、両手で砲丸を前にボンと投げさせてみました。ボトン、と落ちただけです。

両手を使って前に投げ出すと同時に、身体の中心は後ろに引けるのですから、力は相殺されてしまいます。相殺しないよう、力を発揮する時の重心と砲丸の方向を合わせたら、徐々に前に投げられるようになりました。これがこの高校生には、一番わかりやすかったようです。明らかに、下半身を使うことが出来るようになったのです。その後、その子は、練習をしなくても、ボールがバスケットリングまで届くようになりました。バスケットボールはあまり重たくなかったので、下半身を使って投げられなかったのです。

このように、少し重たいものを使って投げたり、運んだりすると、重力に対抗して身体を動かそうとするため、力の伝え方は向上します。ジャンプや、坂ダッシュをするのも同じです。遠くにボールを投げる、速い球を投げる、豪快にサッカーボールを蹴る、強いパンチを打つ！　これらはみな、重力の発信源である地球から、接地している下半身を経由してボールに伝えられています。

負荷をかけて動いてみてください。結果的に身体は動かすための筋肉を総合的に使い、改善されていきます。

アンテナタイプ

自分で見つける大事さ

「アンテナタイプ」という言葉は、ボクが作った造語で、「走らされる」「やらされる」こととは違って、感度が高い状態で物事に取り組む人間を指します。どんなタイプかというと、自分で発見するのが得意で、見つけたことに対しての執着心があるため、これ！ と思ったらものすごく反応して、時間を忘れ、意欲的に進んでいきます。

アンテナが立っているから、何かを感知しようとします。どんなものに反応するのかは、誰にも分かりませんし、その人が生まれつき好きなもの（こと）にだけ、アンテナに引っ掛かります。おいしい食べ物に反応する人、きれいな花や自然の風景に反応する人、自動車が好きで珍しい自動車が通ると興奮しまくる人、音楽が好きな人。

みなさんのまわりにも、結構いるでしょう。

自分で見つけることに長《た》けていますから、得意分野においては自立しています。だから自立型、と呼んでもよいでしょう。乗り物が好き、特別なジャンルの音楽が好き、いろいろあるでしょう。

子どもの頃からいます。当然ながら、スポーツ好きもたくさんいます。

メリットは、自分で反応して行動したことに対して、良い（イエス）、悪い（ノー）、わからない、の判断基準があることです。

100mを走ることを例にします。

アンテナタイプは「今日はラインの右端を走ってみようかな」と自分に対しての課題作りをするのが得意です。走り終わったあとすぐに、「50mくらいから、ちょっとズレ始めたな」と課題に対して、感想・検証をはじめます。その感想・検証に対し自問自答し、「次は50m付近からズレないように動き方を変えてみよう」と課題に対しての修正を自己判断でします。

計画・課題作成、実行、検証作業、課題修正、の自己組織化は、非常に楽しいので、始めたら止まらなくなります。

通常、アンテナタイプが掲げる課題は、突拍子なものではありません。自分にとって有益だな、と心に引っ掛かった情報を、テレビ、雑誌、インターネットなどのソースから引き出して、実行します。そのことに対して、あれこれ口出しされるのを、嫌います。だから、学校の先生と対立することもあるかもしれません。

アンテナタイプは、本質的に努力肯定の人間ですから、分かってあげるととても良好な関係を築くことができます。

ボクはこういう人を認めたり、育てるのが得意です。そばにいてあきません。

ただし、デメリットがあります。

まず、自分で探し、見つけることがベースにあります。自分でやることを決めるので、若い年齢の頃は運動量がどうしても少なくなります。時には、楽しくて楽しくて、といつまでも外にいる時もあるでしょうが、それは遊びです。遊びの方が創造力や自然な協調性が育まれるので、本質的にはずっと良いのですが、決まりごとが多い部活だと、自分だけで行動することがあまり出来なくなるでしょう。

全てがそうだ、と割り切ることは出来ませんが、アンテナタイプは、外見上、自分勝手だったり、集団行動が苦手、という性格が多いです。自分で見つける方が得意ですから、進むべき方向が定まりにくいことも多々あります。あっちへふらふら、こっちへふらふら。「しっかりしてないな」、と思われがちです。周囲が慣れないと評価されません。学校や部活という、決められた枠組みの中では、少し損をしているケースもありそうです。

ボクのクライアントでも同じようなことがよく起きました。練習中、「いまの動きはどう感じた？」と聞くと、何度も自分の動き方をチェックしたがります。動画を一度撮るくらいならいいのですが、何度も動きの確認をしたがるようになります。全体の動きは、ものすごくスローテンポになり、活気がなくなってしまうのです。速い、強い動きの中に大切な部分が求められるのに、速さを取り戻すまでに時間がかかる場合が増えます。

彼らは自分の中に入り込むことが得意ですから、考えすぎる傾向もよく見られます。過ぎたるは及ばざるがごとし、の格言通り、本当はもっとテンポよく、何も考えないくらいのタイミングで続けてほしいのです。イメージが優先し過ぎて、止まってしまうことが多くなります。が、テンポをよくしたら、自分の世界が作れないのでストレスが増し、悪い結果になりがちです。もし、中学生や高校生だったら、「元気がないなあ」と思われても仕方ないでしょう。大学生だったら「あいつ、暗いなあ」と言われてしまいます。

重心を感じる、イメージする

ひとつ、アンテナを立ててみましょうか。

走るのは、重心を前方に移動する、ということです。さて、重心とはどこにあるでしょうか。力学、バイオメカニクスで重心の位置を特定することが可能です。ただここでは簡単に感じてみましょう。まず一般的なテストです。頭で理解するのではなく、自分で感じてください。ぜひこの本を読みながらやってみてください。

基本位置では両手を下にして、その場でまっすぐに立ちます。からだの真ん中に中心がある感じです。

①両手を右側に伸ばして、右足だけで立つ

①　　②　　③

重心の位置が異なるのが分かりますか？

②両手を上にして、まっすぐに立ち、つま先立ちになる

③右手を下にしてまっすぐに立ち、左手だけ真横に伸ばす

さあ、①から③の3つで重心の位置が変わるのを感じることができますか？　大切なのはイメージ（想像力）です。基本位置で中心のイメージを作って、①にするとどう感じますか？　②にするとどう感じますか？　難しくないと思います。①と②なら、①の方がわかりやすいかな。③の位置の変化はわずかなので、その差を感じてみてください。

このようにして簡単な動作とイメージで中

心を作ることができます。自分で作った中心イメージですから、ほんとうは重心とは違うのですが、あなたのイメージを優先させていきましょう。「考えるより感じろ！」と言ったのはブルース・リーですが、まさに自分で感じて「作って」いきます。

次に、第三章で指摘した姿勢欠点のイメージを作ります。次のテストをしてみましょう。

①両手を下にして、その場でまっすぐに立つ（基本位置）
②頭だけをグッと前に出したまま立つ
③背中を思い切り丸めて軽くヒザを曲げる

どうですか？　あなたが感じた中心の位置が、変化してきませんか？　ボクのイメージをあなたに植え付けるつもりは毛頭ありませんが、とても大切なところです。
①から②にすると中心はどちらに移動しますか？　①から②にすると、どちらに移動しますか？
「ちょっとだけ、こっちになった気がする」程度の感じ方でオーケーです。アンテナと

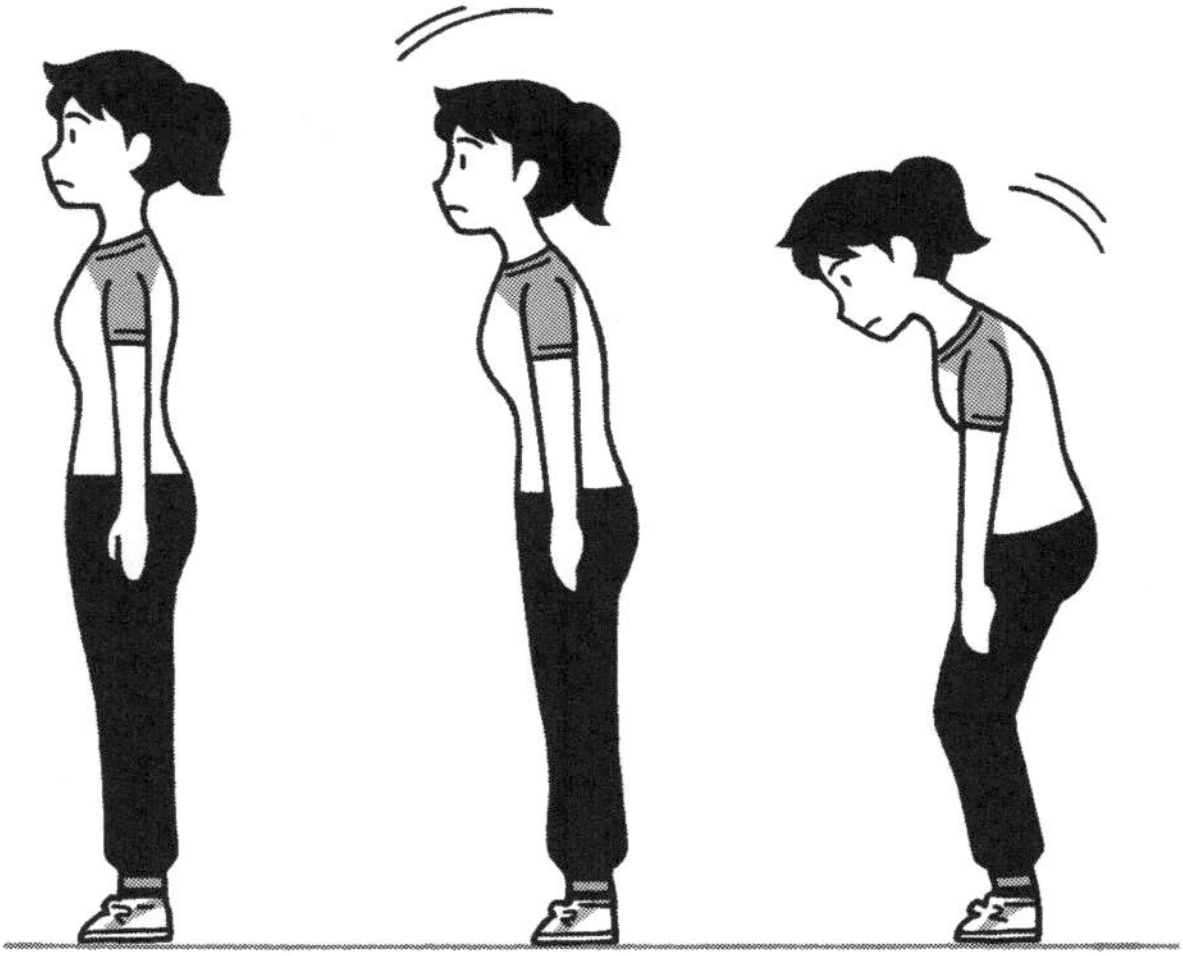

①基本位置　②頭を前へ　③背中を丸める

いったって、大したことではありません。

これがわかれば、あなたのアンテナはすでに立ち始めています。

次の章からは、走ることの一般常識や、走ることそのものを、より詳しくお伝えしていきます。どんな時でも、凝り固まった非常識よりも、柔軟な常識の方が役に立ちます。

走らされているあなたは、凝り固まった非常識になっていませんか？

第五章　正しい走り方ってあるの？

結果がなにを語るのか

さあ走ろう！　って簡単にいいますが、「全力で走る」を毎日繰り返すうちに、身体は徐々に適応していきます。ある程度、自分なりの走り方に慣れてしまったら、そうそう簡単に速くなりません。そういうものです。もう一度、丁寧に話しますね。

練習を始める、毎日繰り返しダッシュをする

←

最初は速くなる

←

しだいに身体は強くなる

← さらに耐久性もつく

← しかし速さは、あまり変わらなくなる

← 身体が大きくなったら、体重増で遅くなることもある

三段論法どころか、六段論法ですね。この六段論法ですが、スポーツの世界では、案外よくあります。実際に、アメリカのある大学フットボール部の論文では、筋力がついた、体重も増えた、パワーも上がった、しかし40ヤード（約37ｍ）の走力は変わらない、と発表されました。ボクはアメリカの大学で具体的にどのような目的をもって、どう練習をしているかは知りませんが、スピードはつかないなんて、そんなことはありません。断言します。正しい認識の下で練習をすれば、体重も増える、パワーも上がる、30ｍ、50ｍの走力もつきます。

ボクが指導している大学生（國學院大學野球部）のデータがあります（表）。このデータは、縦断的に、個人の数値を1年生から4年生まで追ったものです。測定自体は、気象条件、ストップウォッチ計測によるバラつき、モチベーションの変化など、予想できる誤差があります。誤差によって信頼性を疑う余地は残されていますが、誤差の範囲をはるかに超えるほど、速くなります。

4年間の50m走測定で、それぞれの選手が在学中合計7回の測定でマークした最低の記録を平均すると、6・63秒でした。一方、4年間の最高記録の平均は6・18秒です。その差は0・45秒です。全体の平均そのものを学年ごとに調べると、1年→2年→3年→4年、と学年が上がるに従って伸びます。

一方、縦断的に（個人個人のデータで）調べると、1年生の時に最低記録を出した学生が70%、2年生で最低記録を出した選手がおよそ17%いました。合計して1、2年生のどちらかで最低記録を出した割合は、87%でした。

また、50mの最高記録がどの学年で出現したかを調べたところ、3、4年生でマーク

50m走を5秒台で走った学生の伸び

	ワースト	ベスト	タイム差
a	6.20	5.82	0.38
b	6.13	5.90	0.23
c	6.46	5.91	0.55
d	6.22	5.95	0.27
e	6.46	5.96	0.50
f	6.40	5.96	0.44
g	6.40	5.98	0.42
h	6.10	5.86	0.24
i	6.22	5.90	0.32
j	6.12	5.94	0.18
k	6.32	5.94	0.38
l	6.58	5.96	0.62
m	6.37	5.97	0.40

する割合は、80％でした。目的と手段が明確に適合していれば、このような結果が必然的に導かれ、99％の大学生が在学中に50m走の記録を伸ばします。

つまり、スピードは伸びます。理念と練習の仕方をしっかり持ってさえいれば、走る練習によって、ほぼ誰でも、スピードは伸びます。

すべき事は、以下の4点です。

（1）時間と手間をかける
（2）適切な考え方に基づく
（3）ほとんどが全体指導だけ（個別指導はほとんどしない）
（4）感性を大切にする

あんまり難しそうじゃないですよね。でも、とんでもなく深い話が待っています。どんなことに、どのくらいの時間と手間をかけるのか。

適切な考え方とは、いったい何か、どのくらいあるのか。

どんな全体指導を受け、どのように進行するのか。

感性って、具体的には何なのか。


そろそろお分かりだと思います。誰もが速く走るための秘訣《ひけつ》は、100mダッシュを10本走れ、ではなかったのです。「どのように走るのか」を明確にすることで、生きた練習になります。

「もっと速く走れ!」だけでは、あなたの持って生まれた能力を最大限発揮できません。

身体を大きくしても、速くならない

また物理の話です。

身体さえ大きくなれば、強くなり、速くなるのでしょうか?

「この冬で身体を大きくします」とよくスポーツ新聞などで目にしますが、短期間で身体のサイズを変化させるのは、かなり危ないです。

それまで発揮してきた技術は、体重をうまく使った技術です。地面と足、身体全体の構成、道具や器具の使い方などの合致が、技術を向上させてくれます。

スケール効果という言葉を耳にしたことがありますか？

物体の寸法が変わると、物体に働く力や作用の比率や影響も同時に変化することを、スケール効果といいます。

私たちの身体は、体重が増えると体重を支える筋力がおいつかなくなります（二乗三乗の法則）。ジュニア期には、身長や四肢の伸びがありますから、身体が変化します。そういう意味からも、早いうちに高度な技術を習得すると、身体の変化に技術が追いつかなくなります。小さい頃はスーパースター、大人になったらただの人になりかねません。高度な技術の習得は、身体の自然な変化が止まってからの方が良いのです。

「走る、動く」ことは、高等な身体技術です。ロボットが容易に二足走行できないことからもわかります。体重が増えると、その体重をさらに使いこなすために、限界があることも事実です。私たちは、限界があることを知らなければいけません。動くには、常に、その人にあったちょうどいいところ、があるはずです。

高速走行のための走り方

ほとんどみんなプッシュしている

全員が、とは言わないですが、第三章で説明した通りほとんどの人が「つぶれて」走っています。自分の身体がつぶれてる‼ ありがたくない話ですね。足首、ヒザ、背中は、ランニングだけでなく、すべてのスポーツの基本姿勢なので、関節はつぶれないで、立たせたまま走りましょう。

つぶれている人の走り方には、大きな特徴があります。

それは、地面（床）を押し過ぎて走るということです。

言葉としては、蹴り過ぎている、といってもよいでしょう。

「押す」「蹴る」という述語は、人によってどのくらい押すのか、蹴るのか、とらえ方が違います。感性にゆだねるべき、身体に現れる言葉を、「押す」「蹴る」で伝えきれるものではないとボクは考えています。

どうしても、押そうとする行為、蹴ろうとする行為が、走るスピードに負けてしまうのです。頑張ろうとすればするほど、遅くなる。「ちょっとだけ」でいいのです。

走ることを厳密にいうと、坂ダッシュの項（第三章）で書いたように、スタートして加速（スピードを上げている）する区間は、力を積極的に加え押し出してスピードを上げますが、そのあとの速度安定区間は、押し出さない方が速く走れます。

短い距離を速く走る場合、スタート直後は、速度が遅いので強く押し出した方が力は伝えられますが、最高速度地点近くになると、速いスピードに対して、力を伝えなくてはいけなくなります。力を伝える一歩の時間がとても短いのです。その一瞬に力を伝えきれないと、それまで「プラス」（加速要因）の働きをしていた一歩の接地が、「マイナス」（減速要因）に転じます。今度はブレーキ役になります。

脚は同じことしかしていないのに、なんとも忙しい事ですね。

最高点に到達してしまったら、押し出して加速していた「脚」は速くする方法をなくします。

脚は、きっとこう言います。「どうしたらいいのだろう？」速さに対して、プラスの力を加えられませんから、脚は地面に着けば着くほどお荷物。ブレーキの役目しかしません。どんどんスピードが低下します。

「あ〜！　役に立ってない〜！」

脚が足を引っ張ってる！

一般的なプッシュする走り方は、加速することと、ジョギングのように中低速で走り続けるには向いていますが、高速走行には向いていません。すでに、マラソン選手でさえ、世界のトップは高速走行を、学習しています。誰であれ、高速走行向けの走り方を、走る技術のひとつとして正しく覚えると、とても快適で、楽しく走れます。

跳ねる走り方（バウンシング）って？

柔らかいゴムまりと、ゴルフボール、コンクリートに落としたらどちらの方が跳ねますか？

答えは、ゴルフボールです。固いコンクリートと固いゴルフボールでは、力が反発し

足が地面に着いたとき身体が真っ直ぐ

て「コーン」と跳ねます。逆に柔らかいゴムまりは、コンクリートに当たった瞬間、形がつぶれてしまい、弾性のエネルギーを失ってしまいます。イメージはそのような感じです。

私たちは、常日頃から跳ねる動きを自然にやっています。例えば縄跳び。連続してジャンプするのに、毎回ヒザの曲げ伸ばしをしませんよね。特に、二重跳びをする際には、高く跳ねないといけませんから、すばやくジャンプを繰り返しています。あの要領が腱《けん》による跳ねる動き方です。

「高速走行」は、ヒザ関節の曲げ伸ばしをほとんど使わない走り方です。ほとんど、

良い姿勢で走るのが大事

と言いましたが、コンピュータを使った分析では、わずかに使われています。ただ、走っている時に、わずかに使おうとして良くなることはまずない、と断言します。もともとが、崩れている、あるいは「うまくいかないなあ」というところからの練習ですから、感覚的にはヒザ関節や筋肉の収縮を使わない感じで走った方がよくなります。

えっ？　筋肉を使わないで走るの？　蹴ったりしないの？　と疑問に思われる方もいると思います。

そうです。速く走ろうとするなら、筋肉ではなく、腱を使って走ると良いのです。

運動生理学者であるミラノ大学のジョバ

ンニ・カバーニャ氏の研究を紹介します。

・身体が地面にあたると、減速が進み運動が失われる
・平均的速度を維持するために、地面に力を与えることで速度は回復する
・速度ゼロ（静止）以降、前進する脚の平均速度は重心の速度と等しい
・筋肉のサイクルは、腱の伸長短縮サイクルにおけるエネルギー損失より大きい
・腱は伸ばされると縮もうとするバネの働きがある
・腱で跳ねるには、全身のシステムを筋《きん》—腱ユニットとする

わかりやすく言いましょう。

脚が「うまく力を伝えれば」速い速度を維持することができます。できるだけ維持したければ、筋を使わずに腱を使いましょう。ただし、全身を同一体として重心を運ぶシステムにする必要がありますから、バラバラにならないでくださいね。あなたの身体には、バネが備え付けられているから、それをうまく使うといいですよ！

ということです。跳ねる動き方をバウンシングと言います。

言うのは簡単ですが、バウンシングの動き方が「出来ない」人の割合は99％を超えます。競技スポーツを見ていて、バレーボール、バスケットボール、陸上競技をやっているほんの一部の人だけが出来る、というイメージです。

ふだん、ボクの周りに大勢の運動能力に優れた人がいますが、バウンシングの能力をもっているな、と思える人は、まったく見られません。ところが、アメリカ西海岸のスポーツイベントに行くと、どんなスポーツであれ、「あ、いいな」という選手がいます。やっぱり持って生まれたものが大切なのかなあ。

カバーニャ氏の研究を見るまでもなく、腱がバネと同じ働きをすることは、深代千之《ふかしろせんし》東京大学教授をはじめ、いくつも報告されてきました。それらの研究では、動物での研究も含まれています。カンガルーのジャンプ距離、ノミは体長の何倍もジャンプする、など。

短距離スプリンターは、ジャマイカの選手が速いです。世界記録を出してきたアメリカやカナダの選手も、ほとんどがジャマイカからの移民です。彼らはもともと、西アフリカ系の民族でした。また、バレーボールやバスケットボールでも、黒人選手が大勢活躍しています。今や、スポーツの世界は黒人選手がリードしていると言っても過言ではありません。黒人選手というと皆さんはどのようなイメージが浮かびますか?

やはり跳ねるようなイメージがありませんか?

すでに、マラソン選手でさえも「持って生まれた身体」で走っていますから、彼らがなお努力すれば、さらに素晴らしい選手になるのも当然と言えます。

バウンシングを使った走り方と理想的な体型、さらに特異な性質を元々「持っている」選手が、最新の研究をベースにした方法による努力をすることで世界を制します。

結局、生まれ持った能力と特別な施設でのトレーニング?

あ〜つまらない。

読者の皆さん。

技術は進化します。「99・9%以上の人たちが持っていない才能」も、努力と工夫次第で「手に入れる」ことができます。

「速い走りのベース」であるバウンシングは、素質を持っている人だけの宝物ではありません。皆さんも、その技術を獲得することができるようになりました。さてさて、自分で得てみませんか？

バウンシングは、すべての人が手に入れることが可能な宝物です。

ただ走っているだけでなく、自ら「走ろう！」と目指すことで、得られます。この技術が身についたら、とっても楽しいですよ。

そしていよいよ次の章から、「どのように走ればいいのか」をお伝えします。

第六章　わかると楽しい、走りの正体

とっても簡単、トントン走り＝バウンシングを覚えよう

さあ、ようやく走り方を覚える章になりました。ちょっと長かったですか？

先ほどの章で述べたように、地面に対しての力の発揮という点において、走り方には2通りありました。ひとつは、プッシュしながらスピードを発揮するタイプで、もうひとつは跳ねるように走る走り方です。くどいようですが、跳ねる＝バウンシングの感覚がつかめれば、誰でも「今より」速く走ることができます。走る感覚を覚えるって、ボクはすごく面白いことだと思っています。

でも、気を付けてくださいね。

男子なら誰でも100ｍを9秒台、10秒台で走れるわけではありません。女子だって、誰でも100ｍを11秒台で、あるいは50ｍを6秒台で走れるわけではありません。

うん、さすがにそれは、ないですね！

「この本を読めば、誰でも男子なら50ｍを5秒台で、女子は6秒台で走れます！」

というタイトルをつけることが出来たら、なんて幸せだろうか、と思いますが、ウソはいけません。ボクが教えられるのは、「今よりも」ずっと速く走ることができる、ということ。あなたが元々持って生まれた可能性を掘り起こしたり、耕したりする作業です。

さて、バウンシング＝トントン走りを覚えましょう。まったくわからない人は、いちばん初めの「感じ」がとても重要です。この方法は、誰でも、どこでも、どんな国の人でも、わかりやすく教えられるよう、ボクなりにアレンジしたものなので、もしかしたら別の指導方法で教わった人もいるかもしれません。

トントンの感じは難しくないです。

ボクが今まで指導して、ほとんどの人がつかめています。この感覚は、スポーツが好き、嫌いは関係ありません。また、運動のセンスがある、ない、も関係ありません。誰でもできます。

ぜひ、「トントン走り（バウンシング）」にトライしてください。

まっすぐトントン

（1）その場で、まっすぐに立つ、最初はアスファルトなど硬い場所の方がわかりやすい

（2）ペンが机の上で跳ねるように、足を交互にトントンと突く

この時、足の裏は真下のまま

足裏の真ん中より少し前の部分で跳ねる

足首、ヒザ、腰は全てまっすぐなまま

頭、背中の位置を変えず、上下運動だけ（ペンになる）

離れた足は、前にも横にもいかず、ただ上に跳ねるだけ（ペンのまま）

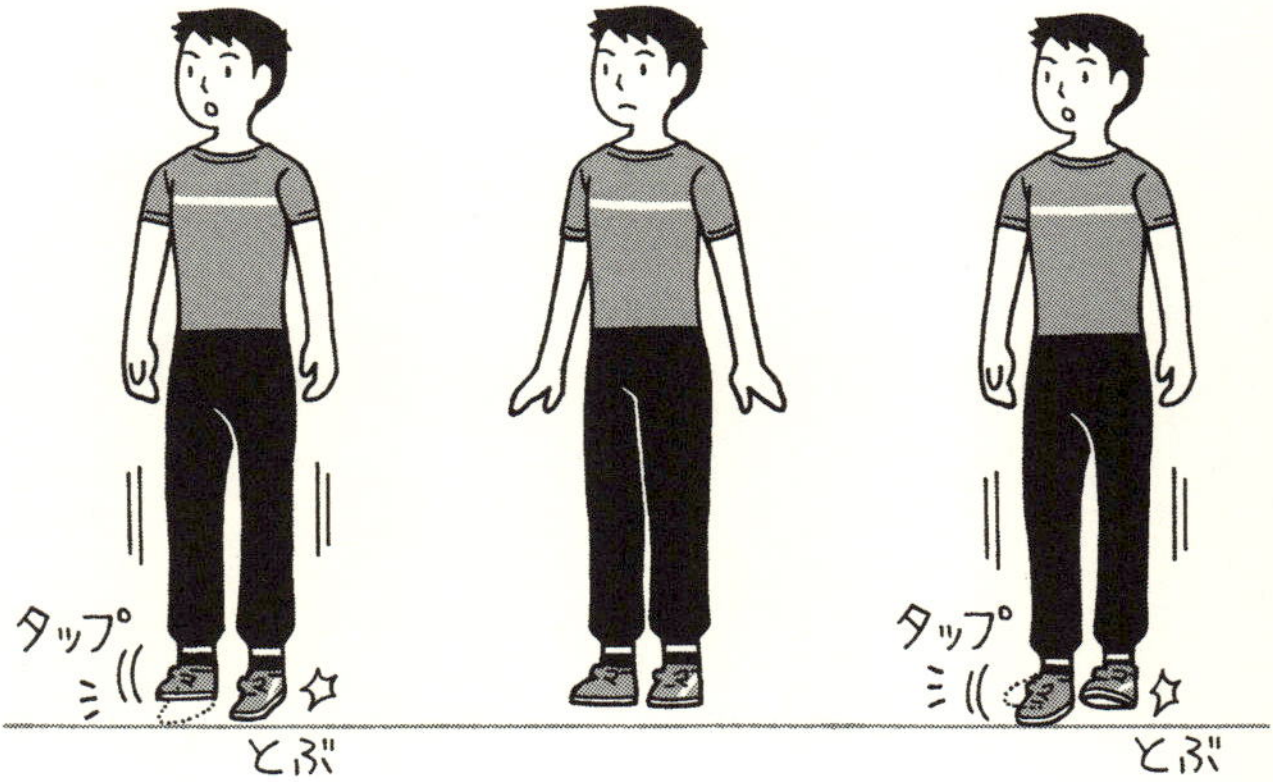

まっすぐトントン

参考動画
なかなかすぐには難しいと思います。マネをしてみて下さい。スマートフォンで友達に動画を撮ってもらったり、鏡の前で動きを確認しながらやるとコツがつかめます
http://chikumashobo.co.jp/redirect/978448068321201

トントン、は足音のイメージ
ほとんどは、ザッザッ、ダンダン、あるいは、あまり音がしません
トントン、の他にテンテン、という音のイメージです

これが出来れば、あとはずっと長い一本道の旅路を続ければいいので、入り口がとても重要です。実際に見た方がわかりやすいですから、ボクが実際にやってみますね。ボクは50歳をとっくに過ぎていますが、日々指導をしていますから、スピードが速かった20～30歳代の頃よりも、動き方は今の方がずっといいです。

ボクがダメなのは筋、腱《けん》などが、速さや強さなどに対しての耐久性を全くもっていないことです。だから、もう速く走ることが出来なくなってしまいました。ちょっと残念。

イラストだけではイメージしにくいかもしれません。前頁のQRコード、もしくは、筑摩《ちくま》書房のサイトで動画が見られますのでご覧ください。

スマホやパソコンをお持ちでない方は、図書館や学校のパソコンを利用出来たらいいですね。

さあ、マネをして動いてみてください。この「感じ」をつかんでみてください。ペンが跳ねてますか?

それから、ボクは決してすごい才能があったわけではありませんでした。かけっこは、小学生のころクラスで1番になったことは一度もなかった(ほとんど3番目だった)し、小学校から高校まで、体育の成績を5段階評価で5がついたこともなかったです。だから、全然、天才型のスポーツ選手ではないし、このトントン(バウンシング)も最初はできませんでした。

さて、説明文だけで出来る、あるいは動画を見てマネをして、つかむことが出来ればそれでいいのですが、この段階でうまくいかないと、ちょっと困ったことになります。

そこで、ボクの指導経験に基づいた「よくあるうまくいかない集」を書きだします。

・ヒザが少しつぶれて跳ねる感じが出ない
・つま先の方向がぶれる
・肩や顔が力んで、上半身がリラックスしていない
・足裏の真ん中より後ろで跳ねてしまい、べた足になっている
・芝生やマットなど柔らかい場所でやっている
・シューズが大きい、あるいはゆるい

「うまくいかない集」は、ものすごく高い確率で起きます。おおざっぱですが、80%から95%くらいの人は、この中のどれかだと思います。最初は、鏡を見たり、あるいは動画をとってみたりしてください。当たり前のことですが、自分がどう動いているかは、自分ではわかりにくいです。

自分を客観的に見つめて、足の裏を通して伝わる動きのリズムを追ってみましょう。休み休みでかまいませんから、何回も何回もやってみます。

トントンと動く場所は、アスファルト、コンクリート、体育館のフロア、教室などが、感覚を出すのに適しています。ペンが跳ねる、あるいは、ゴルフボールがコンクリートに当たってコーン！　と跳ねるイメージです。5分くらいやると、5人に1人くらいの確率で、何となくつかむ人が現れます。ひとり現れると、ドンドン感染して、出来る人が増えていきます。完全にできるまで覚える必要はありません。何となく、でいいのです。

ただ、注意してくださいね。もし、ヒザ、腰、足首などにケガを抱えていたり、動いていて嫌な感じが出たら、すぐに中止してください。健康第一です。無理に続けてはいけません。

何となく出来てきたら、次に進みます。

課題を力で解決しない

その場で出来たら、10mくらい進んでみます。走る、というよりもマッチ棒やペンが跳ね続けている、と言った方がいいかなあ。足が着くのは、一歩50cmくらいの歩幅です。50cmという距離は、あてずっぽうですから、だいたいでいいですよ。歩幅を大きくする必要はまったくありません。不思議に思うかもしれませんが、走る感じがなければないほど、都合がいいです。いまは、押し出したり、蹴《け》りすぎて走ったりすることと、まったく違う動き方を覚えているところです。違って当たり前！

ペンやマッチ棒が跳ねるようにして進むだけです。

この時も、その場で跳ねた時と同じです。前に進もう、という意識が「地面を蹴る」という動きに結び付いてしまいます。走るのが上手でない人にとって、もっと地面を蹴ろうとする努力は、マイナスに働きます。

感覚の話が連続します。

跳ねているマッチ棒は、斜めになったり、途中で折れたりしません。地面に対して垂直に跳ねていきます。跳ねているマッチ棒＝身体全体、です。

ヒザの屈伸（曲げ伸ばし）をほとんど使わないで動いていく感じが、徐々にわかってきます。こうなってくると、あなたの脚は地面に着いた瞬間、曲げたり無理やり押し込んだりせず、勝手に力を伝える動き方を覚えていきます。

課題は、力で解決してはいけない。

自由に動くためには、力で解決しようとすればするほど、力が邪魔になり、うまく動く仕組みから遠ざかっていきます。人間の身体は、うまく、スムーズに動くように出来ています。

うまく力を伝えると、トントン跳ねる感じを獲得し、身体全体の仕組みが、走ることに対して急激に適応します。走り方のシステム作りがうまくいき始めます。あなたは、感じ始めたその仕組みを、面白がって繰り返しやってみたり、ほかの動き方で試したりすれば十分です。例えば、下り坂を歩くときに少し小走りでこの動き方を利用してみる、縄跳びでの跳び方と合わせてみる、などです。

ふたつめの課題！　ヒザは勝手に上がる

ほとんどの人が、一生懸命に走れば走るほど走れなくなる理由その２。

どんなスポーツでも、速い選手が走っている姿を見ると、ヒザが前に上がっていますよね！　昔は、「脚を上げなさい！」とよく言ったものです。ボクも学校の先生をしている頃は、走る選手に対して、毎日のように「もっと脚を上げなさい！」と言っていました。これは間違いです。大いに反省しています。

実際にヒザは前に、かつ上に上がっていますし、脚は身体の後ろで回転しては都合が悪いのです。だから、現象としては、脚は上がるべきだし、ヒザは前に出ないとダメです。図をみてください。バイオメカニクスで速く走る人の脚を分析して軌跡をみると、きれいな繭を描いているのがわかります。逆に走れない人の軌跡を見ると、身体の後ろで回転するのもわかります。脚が地面に近いところで走っている人もいます。１９９１年に東京で陸上競技の世界選手権が開催され、動作分析をする専門の先生から多くの知

ヒザは勝手に上がるもの。一生懸命上げようとすると走りが悪くなります

見を発表していただきました。その結果、股関節を使う走り方が重要であることがわかりました。

このことを基にして、日本のコーチたちは動作の習得や練習方法を考え、切磋《せっさ》琢磨《たくま》してきました。その結果、リレーでメダルを取れるなどの結果を得られました。

一方ボクは、遅い人を速くする手法に年数をかけました。

股関節を使ってヒザは前に出る方がいいのですが、無理やり前に引き出そうとすると、その瞬間、逆側の支持脚がもう片方のヒザを引き上げようとして「強く押し出そう！」と働きかけをします。上がる方のヒザは上がりにくい、支持している脚は無理やり力を使おうとする。

ホントに、一生懸命やればやるほど、どんどん走りが悪くなっていく。

何とか速く走りたい人は、こう思うのです。

「もっとヒザを使え！」

「脚を上げろ！」

「しっかり走れ！」

「がんばれ！」

と、こうやればやるほど走れなくなる。悲しい結末ですね。


さあ、一気に解決しましょう。

ヒザは、勝手に前に出ちゃうのです。

その場で「トントン」と跳ねてますね。私たちの脚は、「トン」と跳ねたら、同じリズムのままヒザが「勝手に前に出ちゃう」ように動かすことができます。跳ねている間に、ちょっとヒザを前に曲げて、着く時は「トン」の時と同じ、もとに戻っているのです。

トントンに続く、このプロセスさえ獲得すれば、50％は完成したも同然です。

地面から「離れる瞬間」と地面に「着く瞬間」は同じ（トン！）です。地面に着いている瞬間が同じであれば、獲得した股関節動作（プロセス）は自然な動きとして自動化され、のちに省略することができます。

無理やり脚やヒザを上げる、という意識を捨てましょう。あなたのヒザは、トン！と離れたら勝手に前にあるだけです。これで股関節は働いています。

一番わかりやすいやり方を紹介します。ボクは、片脚トントン、と呼んでいます。

片脚トントン

（1）その場でまっすぐに立つ
（2）その場でトントンをする
（3）左脚はまっすぐ、右脚だけ「勝手にヒザ前」でトントンとする
リズムはまったく同じ、片脚だけ曲げ伸ばしをします。

最難関！　ランニングへの転換

トントン、と動く感じがわかってきたら、かなり走ることができそうだ、と見込みが立ちます。上出来、上出来！

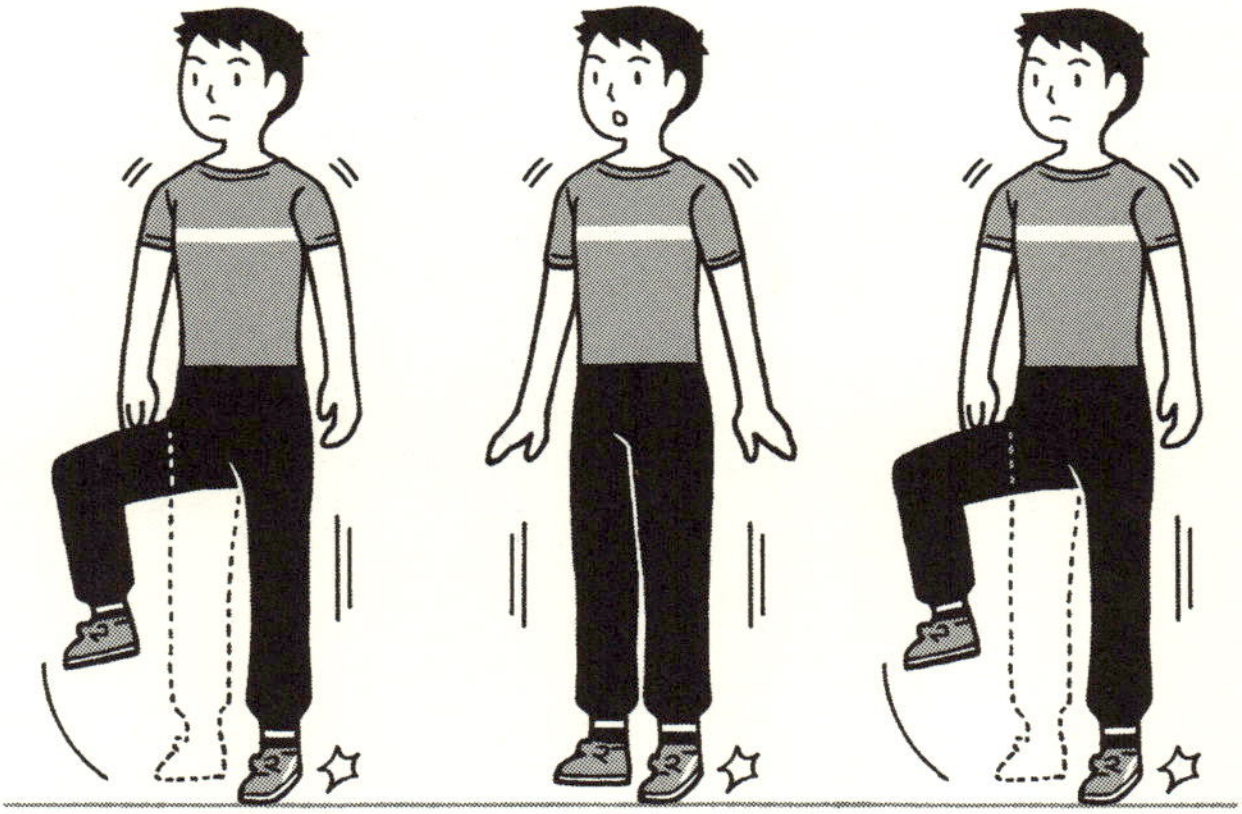

片脚トントン

参考動画

これも見てマネしてください

http://www.chikumashobo.co.jp/redirect/9784480068321202

ここで、皆さんの頭の中から、「常識」を取り払います。どんな常識だと思いますか？それは、速く走ろうとすることです。

う～ん、元気よく走るのが一番！　と言ったり、一生懸命走るな！　って言ったり、今度は速く走ろうとするな？

わけわからない人だなあ、と思うかもしれません。その通りです。ボクは、場合によってコロコロと自分の意見を変えるわけのわからないコーチです。

一生懸命に走ろうとする「気持ち」はとても重要です。速くなりたいんだ！　という意欲は、最も尊重されるべきことです。でも、ほとんどの人は、一生懸命の気持ちが、無茶苦茶な走り方に変換されているのです。それが現実です。もちろん、そうではない人もいますが、ほとんどは力の入れ方や使い方に問題があります。

足が着いている時間（トン！）で走ることを覚えましょう！

いまは、まだ生まれたばかりの自分の感覚を育てているところです。その感覚を大きく羽ばたかせる準備段階ですから、自分のモノにしたいのです。

トントン経由ランニング
①およそ30ｍの距離をとります
②スタートの仕方、スピード、タイムは、全く考えなくてよいです
③トントン走りをしてみる

走り方が多少不格好になっても構いません。気にしない、気にしない。今までと違って、トントンと、跳ね返る走り方が出来るだけで大成功です。新しく身に着ける技術は、今までと全く違う世界になればなるほど、成功します。

こんな跳ねる感じだけでいいの？
走ってる感じがしない
浮いてるみたい！

こんな感想が出てくると、すごく良くなってきます。

ボクは、年に一度、子どもが通っている行田市《ぎょうだし》立星宮小学校に指導に行くのですが、子どもたちと一緒に動いていると、いつも楽しくなります。

どうしてかというと、「今、走った感じを自分の言葉に置き換えてみて！」とボクがいうと、小学生たちがみな、「雲の上を走ってるみたい」、「タンタンタンタン、ていう感じ」、「フワフワランニング」など、思い思いに、いろいろな言葉が出てきて、心から湧《わ》き出た好きな表現をしてくれるからです。

自分の中に、自分の走る言葉があるなんて、ほんとうに素晴らしい！

指導する側のボクが「トントン」と何度も言っているのに、実践している子どもたちは「タンタン」と言う、あるいは「フワフワ」って表現する。しかも、自分の思いついた表現で走っていいよ、というと、心地よい自由時間に浸っているかのようになります。

それでいいんだなあ、と思います。子どもたちの方が正しい。

これを育て続けると、走る感覚がよくなり、勝手に速くなるのだろうなあ、と思うのです。

話を戻します。どうして30mくらいの距離が良いかというと、何回も何回も繰り返すのに、ちょうどいいからです。新しい動き方は、たくさん回数を重ねた方が良いです。練習の天敵は、まずは疲労です。もうひとつは、飽きがくることです。覚えているときは、何度か「出来ちゃった経験」が欲しいです。疲労が早く来ると、どうしても絶対的な数量（本数：走った数）が足りなくなります。スピードは、感覚さえわかれば、勝手に出てきます。しかし、自分の中の感覚は、出てくるときはドンドン産出してほしいです。

誰でも、疲れが増してきて、集中力も低下してくることがあります。そのようなときは、仕方ないですね。良い感覚を再現するのは難しくなりますから、また機会を改めて走るといいでしょう。

あきらめないことが大切です。

跳ねるような走り方に自信がついてきたら、そのまま距離を延ばしてみたり、速く走ってみたり、とチャレンジする幅を広げていくといいです。

わからない、を大切にしよう

バウンシング、跳ねるような走り方をマスターすると、明らかにスピードがつきます。もっとはっきり言うと、スタートからグーンと加速（スピードを上げる）して、加速の後は減速をほとんどしないまま走ることができます。

減速しないから、速いのです。

つぶれて走る人、姿勢を悪くして走る人、力んで押して走る人

この人たちは、加速しても減速する。だから速く走れない。

持って生まれた筋線維の質も、体型、体格の違いも確かにありますが、走り方がどうなのか、という理由にしっかりと目を向けましょう。

跳ねるような、跳ぶような、というような表現は、ピョンピョンと上下動している感じと受け取る方もいるかもしれません。

確かに、その場でトントンと動いていると、上に跳ねます。でも、スピードがついてくるにしたがって、跳ねる方向は上でなく、進行方向になりますので、上下動と言われるような、身体が上下にぶれるようなことはほとんど起きません。

覚えるという作業の中には、「イエス（わかってきた）」、「ノー（できない）」のほかに、「はてな？（わからない）」というグレーゾーンが存在します。とても不思議なことに、わからないなあ、という感想と、できない、は明確に違います。わからない人の多くは、「何か」を探している場合が多いですから、かなり望みがあります。

トントン、と跳ねるように走ってみたけど、どうなっているのか全然わからないなあ。

この感想だけでも、実際には走っているときに「自分の中」を探す努力をしている証拠です。場合によっては、次に走ったら「あれ？　こういうことかな？」と思うこともあります。

また、無責任と言われるかもしれませんが、「そんなもんかなあ」と頭の片隅に入れておくだけでも将来変わる可能性があります。

今すぐに、トントンが現れなくても、自分のことを卑下しないでください。

わからないなあ、どうやったらいいのだろう?

これを繰り返すうちに、心の中に大切な、様々なものが生まれ、作られます。バウンシングの走り方は、あなたの走りをバネのある走りに変えます。変わり始めは、誰でも走りにくく感じます。長距離選手でも同じことが言えて、20kmを高速で駆け抜ける箱根駅伝に出場する選手たちでも、最初は50m程度しかバウンシングの感覚は続きません。

速く走るには、ほかの手段だってあります。スタート姿勢を工夫することや、加速の仕方についても、まだまだ学ぶことができます。

速くなるためのトレーニング法

マークをおいて走る、リズムを生み出す

効果的、って言葉も魅力的ですよね。いかにも遠回りしなさそう。「継続してやれば、いつかは出来る！」という言葉の方が、ほんとうは正しいのに、「これさえあれば、絶対大丈夫」の方が魅力を感じます。

ただ走るのではなく、何度も繰り返して、初めてあやふやだった動き方が改善されて、合理的になってきます。走ることを何度も繰り返す中に、特別な「やりにくい」あるいは、「やりやすい」条件（小さな変化）を差し込むことによって、走りの中で獲得したいポイントが良くなることがあります。

サッカー部でも、野球部でも、ラグビー部でも、例えば50mを10本、あるいは70mを何本、などと走る練習をするなら、以下のような練習の方法を混ぜてみてください。

市販のマーカーコーンのようなもので構いませんから、7個から10個ほど用意します。

50mを走るとします。

次の頁の図のように、スタートから15mほどの地点から、マークを1.8m間隔に置いてください。1.8mというのは、運動部に所属している男子高校生が走る練習をするのにおおむね適した距離です。身長が低い人や、まだ走り慣れていない男子は1.6mくらいの方が良い場合もあります。また、女子の場合は、1.5mの間隔をベースとして、セッティングします。女子も体格や走力などによっては、1.3m間隔くらいの方が練習しやすい場合があります。

このように、等間隔にマークを置いて、走り抜けるようにすると、走行中のバランス、左右の足が着くリズム、テンポなどが、心地よくできるようになってきます。

リズミカルなランニングは、何もない場所を直線で走っても、なかなか作りにくいものです。

マークを置いた区間から、さらに直線数10mを走れば、リズムを作る感覚のまま走れますので、ランニング姿勢やストライドが崩れやすい人には有効な練習方法です。

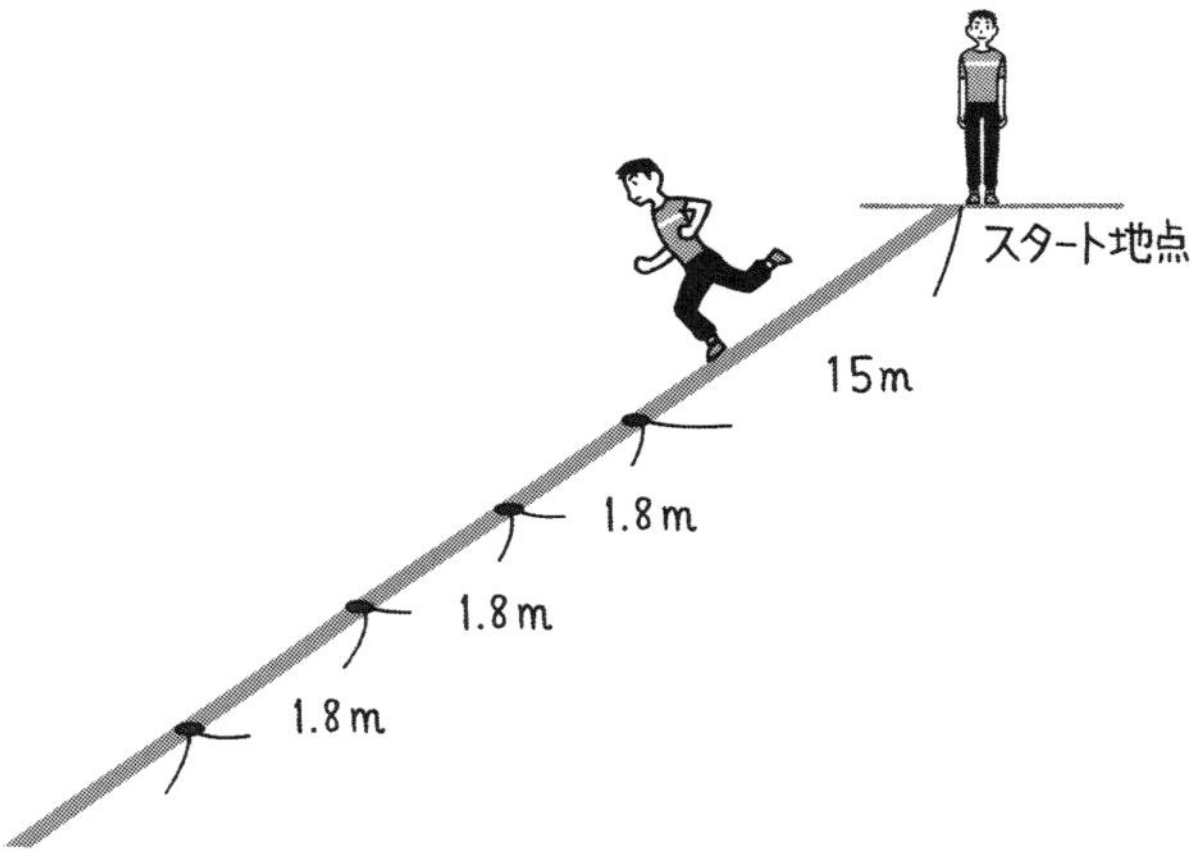

マークを置いてリズミカルに走る練習

目からウロコ！ スタート姿勢で速くなる！

運動会、体育祭といえば、かけっこ！

徒競走！

走るのが得意な人が1年で一番輝く日です。「位置について」、「ようーい」、「バン！」この3つでワンセットですね。スタートは、反応の速さと瞬発力が大いに影響しますから、この部分だけをみたら、短距離選手よりも速いほかのスポーツ選手がいるかもしれません。

小学校、中学校、高校、大学、プロ。様々な競技スポーツで「スタートの瞬間」は、いったいどのくらい存在するのでしょう。始まりはすべてスタートですから、スポーツって、スタートだらけです。

スタートの位置、姿勢だけを注意深く見ると、生まれつき「スタートの仕方」が良かった人を、ボクはまだ一度も見たことがありません。少なく見積もっても、今まで1万人以上のスタートを見てきましたから、ほとんどいない、と断言しても良いでしょう。

スタートする瞬間は、すべての速さの始まりですから、バウンスを使った走り方を覚

スタンディングスタート。前側の脚に体重をのせて前の脚で蹴り出す

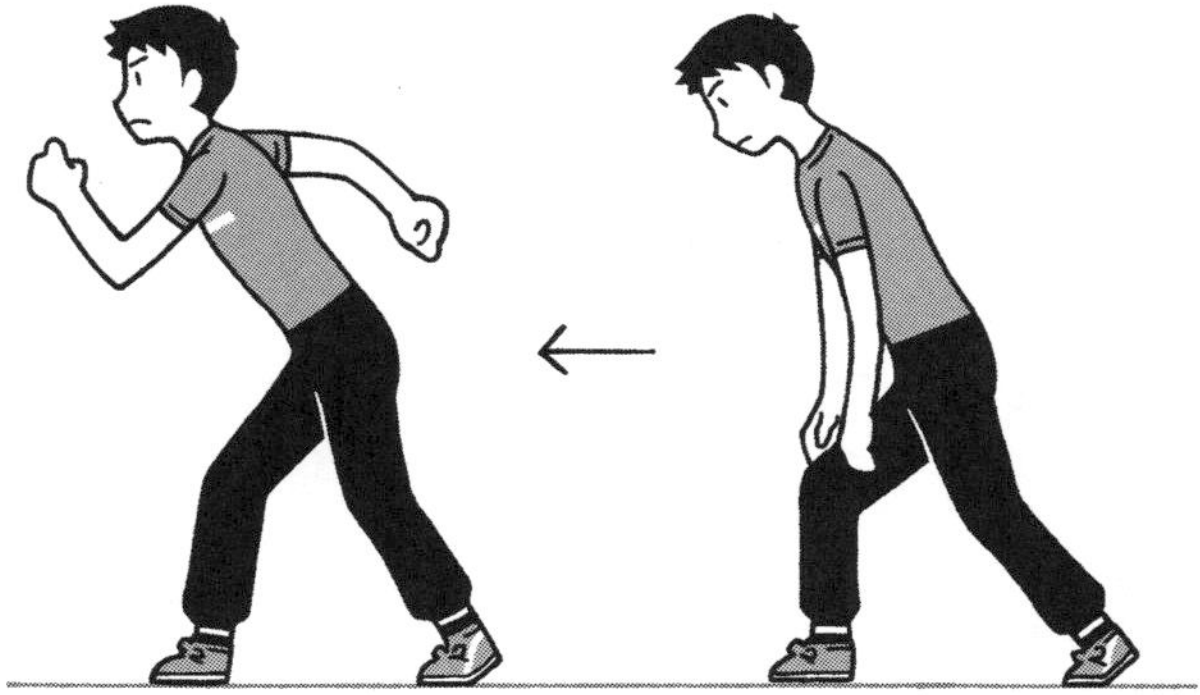

よくある形ですが、このスタートでは一歩目に力が入りません。これじゃ遅いです！

える、加速のポイントを覚える、とともに「かけっこ3大ポイント」といえます。
まず、何も知らない人がどのようにスタートをするのか、よーく見ましょう。タイプ別に分けたとしても、意外とたくさんのタイプはないですから、観察しやすいです。

横向きになって構える
顔を進行方向に向けて見つめる
スタートの合図で最初に後ろ足でグッと蹴って出る
その直後、脚が出る前に身体を沈み込ませる

さあ、この4つのうち、あなたは幾つ当てはまりますか？　もしかすると全部当てはまりませんか？　そうです。ほとんどの人は、4つのうち、3つは該当するでしょう。それでは遅くなってしまいます。なので、スタートの方法を学習すると、誰でも速くなる可能性が高くなります。高校生以上の人を指導した経験でいうと、スタートの改善だけで、0.2秒程度速くなります。

このスタート姿勢の改善は簡単です。たくさん走ったり、数多くの身体訓練をしたり、日々修業をしたり、という努力値をほとんど必要としません。「常に注意する」ことで、そのうちクセになります。

もちろんほとんどの人は、陸上競技のスタート＝クラウチングスタートを覚えるのではありません。基本中の基本である、片脚を前にしてスタートをするスタンディングスタートを覚えるといいです。

反応が大切

スタートの具体的な方法を知る前に、ひとつ、皆さんにハッキリさせておく事があります。優れたスタート能力を発揮するには、良い反応が大切で、反応の能力が劣っている場合は、どれほどスタートを改善しても、他者と比較したら速くなりません。

反応には、視覚、聴覚、触覚、予測の反応があります。いずれの場合も、外からの情報を基に感覚器から大脳、脊髄を経由し、全身の骨格筋に伝えられアクションが起きます。スタートの仕組みは、例えば、ピッチャーのボールに対してバッティングをする、ゴールキーパーがボールをはじいたので詰めてシュートした、スマッシュが来ると思ったらフェイントだったので咄嗟《とっさ》に前に出た、というような他の動作の仕組みと何ら変わりがないのです。

運動経験、特に試合での経験が多い人は、ある一定の合図（外からの刺激）があったら、こう動いた方がよいだろう、というような定型パターンが出来ています。一般的なスタートに関する定型パターンは、次のような場面が考えられます。

競泳でスタート音が鳴ったら、全身のバネを使って飛び込む
ラグビーのスクラムからボールが出た瞬間、前に走り始める
バレーボールで相手がスパイクを打つ瞬間に、ボールが来そうな方向にレシーブ体勢をとる

などです。これらの定型パターンは、感覚器と骨格筋の間にバイパスが出来ていて、大脳で考える時間をカットしています。相手チームは、これらのパターンを逆手に取っ

て、相手チームの反則を狙《ねら》ったり、逆方向への攻撃をしたり、などとさらに戦術的な広がりを見せていきます。反応が速いことは、圧倒的に有利に働きますが、速いだけではなく、次のステージに向けてさらに磨きをかけるのが、競技スポーツの面白いところです。

練習をすることで、複雑な技術も、ほとんど考えることなく、自動的に身体が動く仕組みになります。この仕組みは、試合で起きることを想定して練習すると良いです。

もう一度確認します。運動のスタート・バイパスは、何かの刺激や合図があって、それに自分が反応して動く、という道筋が必要です。いちいち考えながらやっていたことを、別なことを考えてもできる、という意味です。

スタートが苦手、を克服。

陸上競技、サッカー、バスケットボール、ラグビー、テニス、ハンドボール、ラクロスなど、ダッシュ力が勝負を決めるスポーツをやっている人は、必見です。

スタートする時の姿勢をしっかり作ります。ボクは全ての競技の人に、わかりやすくするために、最速であり基本スタートであるスタンディングスタートを教えます。というのも、このスタートは、勢いよく走り始める感覚をつかみやすいからです。スタートをする瞬間の、爆発的に「バン」と出ることがわからない、難しいと感じている人がスタートしやすくなります。

スタートをうまくきるのは、才能かもしれませんが、必ずあなたにとって良い方法があります。スタートしやすい、という感じがわかるようにしてみましょう。

まず、片脚を前にします。前にする脚は、スタートで蹴る脚です。反応した直後に蹴るのは、後ろ脚ではなく前脚で蹴って走り始める習慣を身につけましょう。どちらの脚を前にするかは、自分の都合が良い方でかまいませんが、強く蹴ることが出来る方にした方が良いです。どちらか迷う人は、利き脚を前にすることを勧めます。絶対とは言い切れませんが、一般的には、右利きの人は左脚、左利きの人は右脚が利き脚です。

恥ずかしい話ですが、ボクは、陸上部に入ってすぐに、顧問の先生に利き脚はどちらか聞かれ、右利きは右脚だろう！　と思ったので、勢いよく「右です！」と答えました。

それをきっかけに、スタートする時の前脚が右脚になり、ハードルも、三段跳びも、走り幅跳びも、右脚踏み切りで技術練習をはじめました。ところが、ホントは左の方が踏み切りは上手で強かったという衝撃的な事実を、ずーっと後から知りました。そういえば、遊びながらダンクシュートをしたのは左脚踏み切りだったしなあ。う～ん、もしあの時、「左脚が踏み切り脚です！」と言っていたら、世界ランクがもっと上がって人生が変わっていたかもしれないな。

皆さん、利き脚を決める時は、気を付けてください。


ちなみに、サッカー、ラグビー、バスケットボールなど、どちらの脚でもスタートが出来る必要のあるスポーツをしている人は、両方できるようにします。まだ競技の専門性が固まっていない人は、どちらの脚が前でもスタートできるようにします。野球の場合は、ランナーになった際、次の塁に近いのが右脚ですから、右脚前でスタンディングスタートを覚えます。

片脚を前にしたら、ほとんどの人は重心を両脚の中央に割って構えてしまいます。先ほどの「横向きになって構える」に相当します。両脚の中央の位置で重心を落とすと、ドッシリと安定してきます。簡単には崩れないぞ！　という姿勢です。

簡単に崩れない意志の表れです。これだけで、かなり出遅れます。スタートで速くするためには、前足に重心をのせて、姿勢を低くした体勢にします。

前脚のヒザを90度近く曲げ、重心をヒザのあたりにのせると、頭の位置も身体もグッと前方に傾きます。後頭部と背中、腰、後ろ脚のかかとを結ぶラインは、前脚が一気に蹴って運ぶ重要なラインです。名前を付けたくなるラインです。後頭部、背中、腰、かかとですから、「バックライン」とでも付けますか。

スタートする瞬間に前脚で力強く重心を押し出せば、「バックライン」をそのままにして瞬間的に押しますから、速いスタートが実現します。

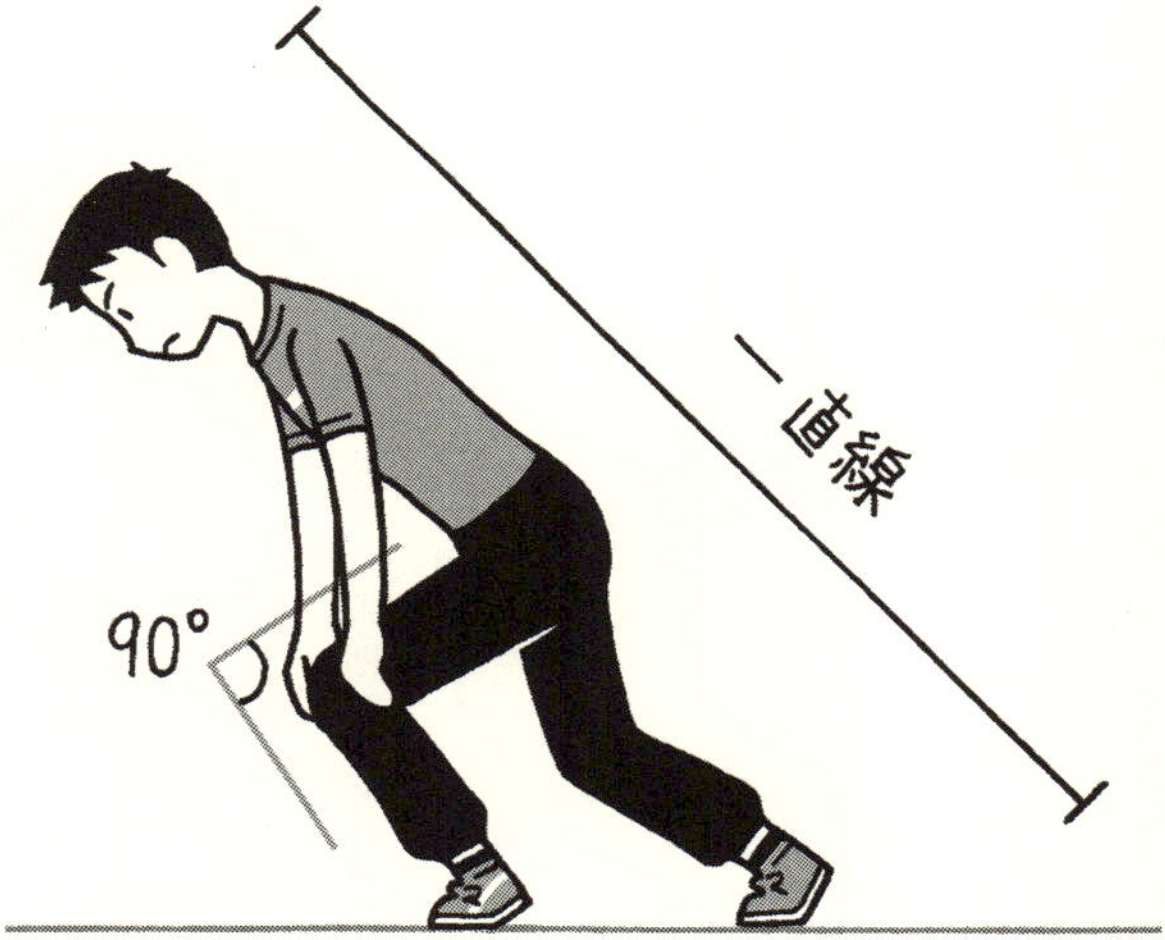

重心はヒザのあたり

△（三角）を崩す、オフバランス

まだこの時点でわかりにくい人がいるでしょう。スタートを速くするコツは、いくつもあります。

別な見方をしますね。図を見ながら自分の身体をイメージしてください。スタンディングスタートは、前脚―後ろ脚―頭を結ぶと三角形になっていますよね。体重を前にかけている分だけ、直角三角形みたいな感じかな。

さあ、スタートするぞ！　という瞬間は、直角三角形を「そのまま」前にずらします。

わかりにくいですから、図を見てください。直角三角形でバランスがとれている姿勢から、オフバランス＝バランスが崩れた状態にして、出る瞬間を待ちます。イメージとしては、三角形の底辺が、進行方向に対して斜めになったつもりになります。

前に傾いた三角形がスタートをする！

そう思ってくれて結構です。

三角形を、前に傾けて、いかにもバランスがよくない状態をオフバランスと言います。

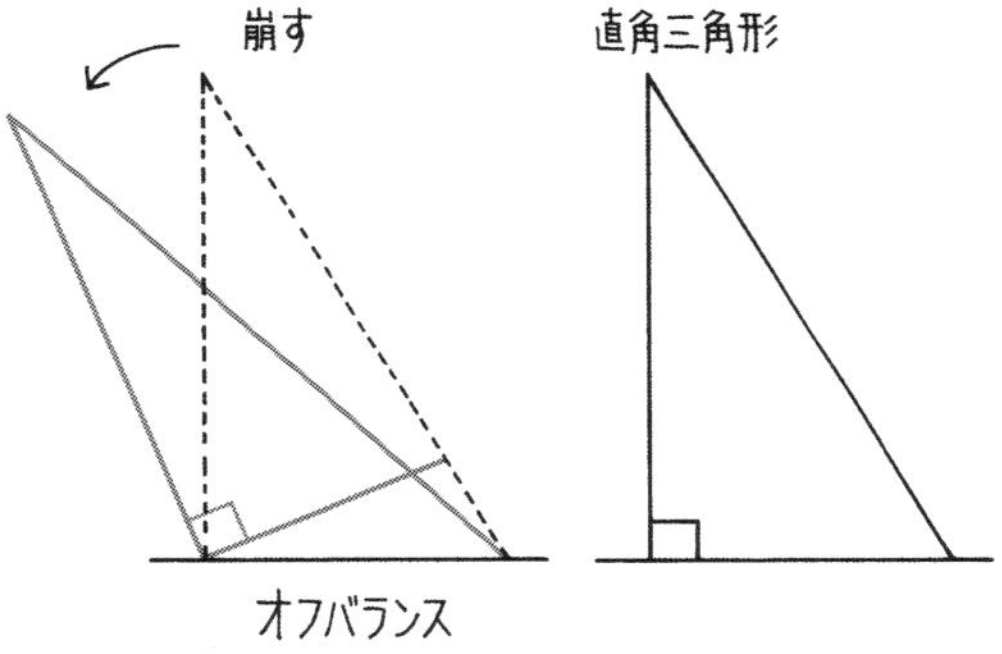

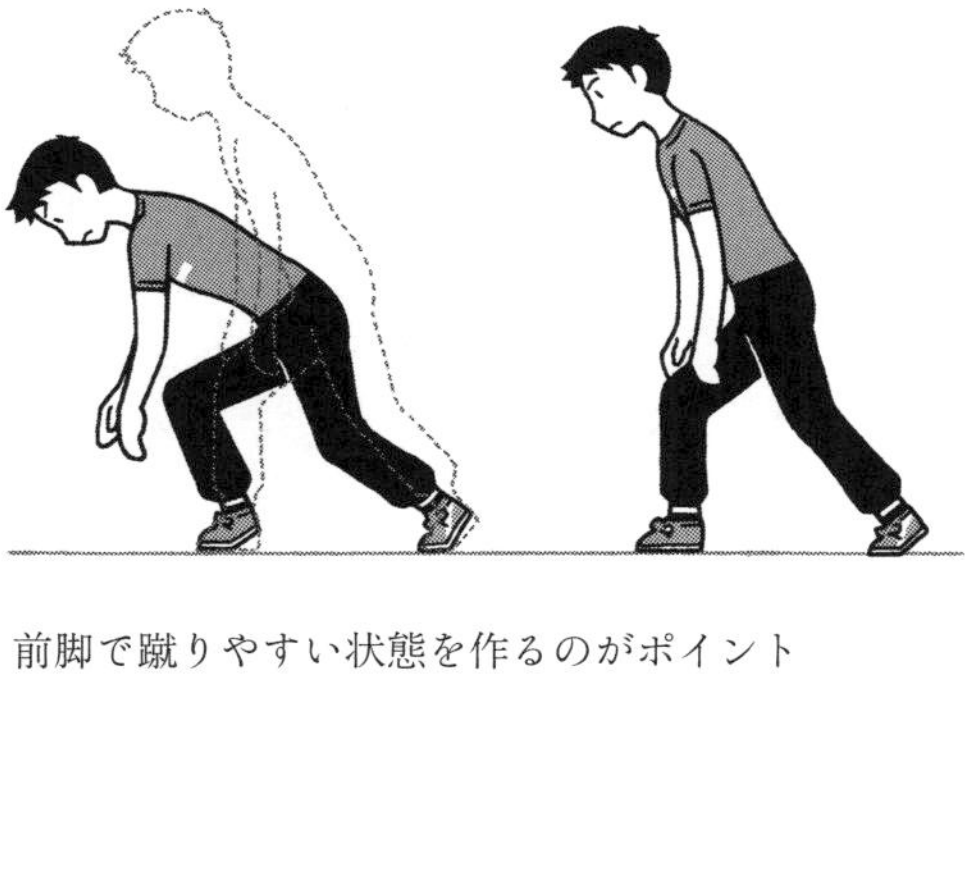

前脚で蹴りやすい状態を作るのがポイント

このオフバランスこそ、スタートがよくなるポイントです。

底辺がべったりしている三角形スタートだと、後ろ脚を使いすぎてしまいます。後ろ脚に荷重する（体重をかける）と、重心の位置も後ろになるし、重心よりも後ろにある後ろ脚が力を出すのですから、前方への距離は少ししか出せません。

よって、後ろ脚のかかとを少し浮かせて、前脚で蹴りやすい状態を作ります。重心の位置は前脚にある方が、1回の爆発力で長い距離を押すことができます。

前脚で蹴る習慣が身についてきたら、後ろ脚の強さも使えるようになると、スタンディングスタートに磨きがかかってきます。

もう一度、スタンディングスタートをおさらいしましょう。

・利き脚を前に出す
・重心を下げて、前脚のヒザにかける
・後ろ脚のかかとをあげる

・バックラインを一直線にして、前傾姿勢をとる

どうですか？　感じが出てきましたか？

ゆらゆらスタート

「走る」からちょっとずれます。

スポーツなら、テニス、バドミントン、卓球、バレーボール。ポジションなら、ゴールキーパー、ディフェンスなど、基本的に相手の攻撃に対して、一瞬のスキもなく反応しなければいけない時の姿勢、ポジション、位置、構えがあります。

相手に対して反応しなければならない一瞬です。

私がコーチなら、「その瞬間を鍛えないで、何を鍛えるんだ！」って言うでしょうね。

ダッシュすることと、試合で相手の攻撃に対して飛びつくことと、同じですか、違いますか？

できる範囲で、できるだけのことをしてみましょう。

スタートポジション（レディポジションともいいます）と、もうひとつ。例えばテニスで、相手の鋭いサーブが来る際に、多くのプレーヤーは、小刻みに軽くフットワークをしながら、あるいはゆらゆらと左右に揺れながらタイミングをはかります。そして相手のサーブが来る直前に、ポンと足でタイミングをとって瞬時にボールに向かいます。

瞬間的な移動を余儀なくされる場合は、ベタ足で止まっていると、安定し過ぎて動きにくくなります。少しだけ揺れる、ずれる、動くことで、面に対して力を加えるのではなく、点に対して力を加えるので動きやすくなるのです。

加速って何だ!?

よく足が速い、っていいますね。短い距離が速い人は、かなりいます。サッカーでも、野球でも、ほかのスポーツでも。ボクがアメリカで修行している時に、師匠からよく言われました。「(テニスの) マイケル・チャンは、黒人スプリンターと30mなら同じくらいで走るぞ！」って。

そういう人は、爆発的なスタートと加速する能力が高いのです。

加速とは何でしょう。

0（ゼロ）スピード、あるいはゆっくりした移動速度から、力を加えて急激にスピードを上げる能力です。1932年ロサンゼルスオリンピックの100mで6位に入賞した吉岡隆徳《たかよし》さんは、「暁の超特急」と言われたほど、素晴らしいスタートダッシュをしたそうです。また、そのお弟子《でし》さんの飯島秀雄さんもロケットスタートという加速力を武器にして、10秒1を記録しています。

加速は、力を入れますが、スタートして最初のうちは、スピードが上昇しているところにさらに力を加えますから、余計にスピードが上がります。加速する（上げ続ける）距離が長いほど、全体の速さが上がります。逆にいうと、加速する距離が短いと、全体の速さも上がらず、足が遅い、ということになります。

ある一定の距離まで行くと、進行している速さに対して、力を伝える時間（接地時間）が追いつかなくなります。その時点が、分岐点となります。もし、そのままの力を加え続けると、接地がブレーキの役目に替わるので、走り方を変えなければいけません。

今から15年ほど前に、ラグビーのトップチームを指導している時に「５ｍだけで加速を完了させて欲しい」とリクエストされたことがあります。瞬時にスピードを上げることが課題だったのですが、その時は、リクエスト通り５ｍ加速のためだけの練習を積みました。今から思うと、誤りだったと思います。５ｍの加速距離とその時の最高速度に特化しすぎました。例えば、10ｍ加速、15ｍ加速などの最高出力を上げる努力を重ね、そこに合わせる練習をした方が良かったかもしれません。試合でのプレイに対して、トレーニングは実行されますが、選手の能力自体を同時に引き上げる事との調整は、一朝一夕に出来上がるものではないですね。

あなたの持っている最高速度の引き上げを目指しましょう。そのためには、加速する距離を長くしよう！　となります。

顔を上げちゃ、ダメダメ！

スタートの構えをとることと、スタート直後に加速する（スピードを上げる）ことは、ワンセットです。だって、速く走るために低く、前脚に荷重して構えたのですから。構えて、刺激があったら（音がなる！　パスが来る！　ターンオーバーした！　など）爆発的にスタートします。陸上競技の短距離選手を動画などで見てください。ほとんどの選手は、頭と背中は構えた位置のまま、姿勢を変えないで、猛ダッシュをきります。

どうして、頭を下げて加速するのでしょう？

ただ勢いよく猛ダッシュするだけでは、不完全です。重たいものを運ぶときに、重たいものは自分の脚より進行方向前方にあった方が力を加えやすいのです。

頭と上半身は、前にあった方が加速しやすいのです。ところが、スタートしてすぐ頭を上げてしまったら、脚の真上に頭と上半身がきます。そうなると脚は力を加えにくくなります。

何度もいいますね。ほとんどのスポーツにとって、加速する事は、「スピード能力を改善することや素早い試合展開を有利に進める」ために不可欠な要素です。

加速する、というのは、「力を加えてスピードを上げる」こと。

このイメージを、大切にします。

100mを10秒台で走る選手の多くは、スタートしてから30m前後も頭を下げて走ります。ほとんどのスポーツの場合、陸上競技のように何10mも直線で走り続けることはありませんから、30mも頭を下げ続ける必要性はありません。

まずは、意識的に10mまで頭の位置を変えずにスピードを上げてみてください。これだけでも、かなり変化するはずです。10mの練習と、15mの練習とを並行して進めると、なお効果的です。

この時の注意点がもうひとつあります。力を加え続けながら、歩幅（ストライド）を広げて走り出します。

もしこのスタート姿勢をとってもうまくいかない（速くなった気がしない）人は、さらに幾つか原因があります。

・前脚のヒザの角度が広い（腰が高い）
・スタート直後に頭の位置が下がる
・もともとの脚力がとても弱い

小さく刻む？　大きく出る？

ランニング指導をしていて、多い質問のひとつが、「スタートしてから素早く脚を動かすのか、あるいは大きく出るか、どちらの方がいいですか？」というものです。

さて、あなたはどちらが正解だと思いますか？

どのように、なっていきたいですか？

ボクは即座に「大きく出ましょう」と答えています。どのスポーツもほとんど共通です。

1歩目か2歩目に止まってしまうくらいの場合は、全然違いますが、少なくとも5m以上の距離を速く加速していきたいのなら、歩幅を大きくして出るようにした方が、ずっと速くなります。

スタート後の1歩目、足をすぐに着地してしまうクセがある人の大半は、爆発的なスタートをしません。気持ちはわかります。サッカーの試合で、何回スタートがあるのだろうか。ラグビーやバスケット、テニスでの反応で、いったい何度同じことを繰り返すのか。途方もない数を、繰り返さなければいけません。

だから効果があります。「フットワーク」の方法を学んでても、反応直後の予測を含んだスタートが遅いと、速いフットワークは生かしきれないで終わります。練習のための練習になってしまいますね。

スタートは、爆発的に1歩目から出るようにしましょう。歩数を数えてみてください。10mダッシュをして、男子が9歩も10歩もかかってはいけません。高校生以上だったら、7歩あるいは8歩で走り切るようにしたいです。

第三章で、坂ダッシュについて触れました。傾斜角度にもよりますが、10m、20m、30mの距離を使った坂ダッシュはスタートの爆発力を高めるのに、たいへん有効です。スタートから、歩幅を大きくして集中的にやるととても良いです。

何本やるといいか？

さあ？

ボクは読者の皆さんの状況を見ていないので、どのくらいやるか、どのくらいがベストであるか、という重要なことを無責任に伝えるわけにはいきません。どの競技で、どの試合に対して、どんな人たちに必要かは、基本的な仕組みや全体像を理解できないと決められません。

とはいえ、ヒントも何もないのは申し訳ないです。ボクがいま教えているチームでは、5〜7本くらいです。プログラム実施当初は、歩数も数えさせます。おおむね大きく出る習慣が身についてきたら、歩数を数えるのはやめさせます。

自分で数えたり、意識的に大きく出るのは、身につき始めたら、できるだけ早くやめさせるべきだと思っています。

何も考えずに自然にできる状態が「いつもの」自分です。試合では歩数を数えたりはしませんから。

スタート＋加速＋トントン（バウンシング）＝スゴイぞ！

陸上競技の短距離は、走ることだけに特化しています。とはいえ、ほかのどの競技においても、三段階の使い分けをして、「自己最速」を実現しましょう。誰でも、速く走る権利があります。

そしてもし、あなたが「速く走りたい！」と願えば、工夫と努力が必要です。その工夫は、毎日100mを10本走りなさい！　という量の問題ではありません。「どのようにするか」が大切です。

ここまで、スタート、加速、バウンシングの3タイプを伝えてきましたが、ここで、はい、走れば大丈夫！　なんてことはありません。走るのは、そんなに甘いものじゃありません。画竜点睛《がりょうてんせい》を欠いてしまっては、元も子もないです。

走る練習をする場合、加速するところと、バウンシングするところと、どう分けてよいのか作りにくくて、せっかく分かってきたのに使えない、という人を多くみかけます。これは、仕方ないことです。

試合をしているグランドには、ここからここまで、とラインは引かれていませんから。相手もいれば、ボールもあります。

サッカー、バスケットボール、ラグビー、テニス、ハンドボールほか、どんな競技であっても、自分の速い感覚をもつことで、違う世界を広げることができます。遅いスピード、遅いプレーの中で、ボールを扱っていると、「遅い世界」でのプレーに身体も感覚もなじんでしまい、次の段階への移行タイミングが遅れます。速い動き、速い判断が要求され続けると、戸惑っていた自分の神経、予測、身体、リカバー（回復）が徐々に経験、適応し、さらに新しい自分が開かれるでしょう。

最速の経験をしてください。最速が出る努力をしてみてください。

スタートからおよそ15m地点にマークをおきます。加速からバウンシングへの移行は、そのマークした位置で、意図的に身体を直立させ、意図的にトントン、と走ります。「切り替え作業」と呼んでいます。加速から、バウンシングへ切り替えると、慣れていない人は「変な感じ」がします。

「変な感じ」は重要です。もし、「変な感じ」がするけれど全体の速さ（タイム）がほとんど変わらなかったら、成功です。

もう一度話しますね。

仮に、サッカー部の男子高校生が「全力で」40ｍを走ったとします。3本走ったタイムは、ストップウォッチで5.5秒平均でした。この選手は、調子がとてもいい日だと5.4秒で、調子が少し良くないな、という日は5.6秒くらいです。ちなみに、おおむね、この人の50ｍは6.7秒前後で、高校生なら「少し速い」から「普通」くらいのレベルでしょう。

この選手に、加速（15ｍ）＋バウンシング（25ｍ）の40ｍ走を走らせたとします。

加速は、全力です。先に述べたように、25ｍを「トントン」と走ってスピードを出した気がしない、というような「変な感じ」で走って、5.7秒くらいなら、「変な感じ」は正しくて、大成功です。加速したスピードを生かすように、トントンと軽く走る感覚に置き換えていくと、走り方が徐々になじんできて、5.2秒、5.1秒、5.0秒とタイムが良くなっていきます。

感覚は重要視されるべきです。

若い選手がもつ、「人とは違う感じ」を言葉で説明する必要はありません。ボクたち大人は、いつも自分（大人）が正しいと思っていますが、ボク（大人）はいつも正しくない。

ボクは「正しくあろうと」努力をしているだけで、ホンモノのあなたよりも劣っているかもしれない。

感性を大切にしてください。「トントン」以外の何にもしない方が、全体のタイムは良くなります。

切り替えることがだんだんとうまくいくようになったら、あとは加速する距離を長く（20ｍくらい）とって、最高速度を上げましょう。加速する力は、自分の身体を押し出す力です。短い距離（20〜30ｍ）の坂ダッシュなどで、爆発力を養うと、スタートしてから加速する強さを伸ばすことができます。

速く走るためにさらに知っておきたいこと

腕ふりは、ヒジふり、ヒジふられ

ほとんど腕ふりに関して述べてきませんでした。

走っていると、「もっと腕をふれ！」とよく声をかけられます。腕ふりは、スタートする時は力の放出をするため大きく前後に使います。その後も、通常の腕ふりは、腕全体をふるというよりも、ヒジをふるようにすると、肩の付け根である肩甲骨周辺を動員することができるようになります。ヒジの角度は、伸び切ってもダメだし、抱えすぎてもいけません。

また、手はグーの方がいいか、パーの方がいいか、という質問は後を絶ちません。先端に力を入れてしまうと、様々な筋にロック（カギ）がかかってしまい、働きが悪くなる可能性が高くなります。意識せずに、自然にしていればいいです。

しかも、「腕をふる」よりも「腕がふられる」ように走ると、伸び伸びと走れます。脚から伝わってきた力がヒジにも伝わってくる、だからヒジがグーンとふれる。そういうイメージでしょうか。

腕ふりがうまくできない人を観察すると、「手首ふり」の人がとても多く、結果的に腕全体を使うことができません。本人は一生懸命に腕をふっているつもりでも、手首からヒジしか動いていないケースが非常に多いので、要注意です。

この場合の対処方法としては、ヒジの先端をかなりキツク自分でつねってください。痛みの感覚が、「この場所を使いなさい」という指令に早変わりして、容易に動かすことができるようになります。

ただし、ジョギングなどで長距離を走る場合は違います。スピードよりも、持続性を楽しむことを優先する時には、腕をふりすぎると疲れます。また、両手の腕ふりが、どうもしっくりこない人もいます。このような場合、片手の手首だけでもリズムをとると走りやすくなります。身体の傾きを伴ってしまうと、全体のバランスが悪くなりますから、姿勢が崩れないように気を付けてください。

まわるスピード、野球のベースランニングなら3タイプある

ここでは野球でのまわり方について、話をしますが、きっと野球を知らない人でも楽しんでもらえるトピックだと思います。そのくらい、まわって走ることが出来るようになると、どんどん走れて面白いです。

野球をやっている人なら、ベースランニングをこうやりなさい！と教わるでしょう。ボクが知っている限りでは、ベースランニングは世の中に3タイプあります。

（1）日本では、伝統的に「オーバーラン」というコース取りがあります。1塁ベースに向かって直線で走り、ベース10m手前くらいから右にふくらんでから、反時計回りに回り込む走り方。（図①）

（2）ベースに向かってほぼ直線的に走り、ベースの手前で急激に曲がり、ベースを蹴りながら方向を変えて、また次の塁をねらう。（図②）

（3）反時計回りの回転に合わせて、ほとんど直線がなく、円状に走り抜ける走り方。（図③）

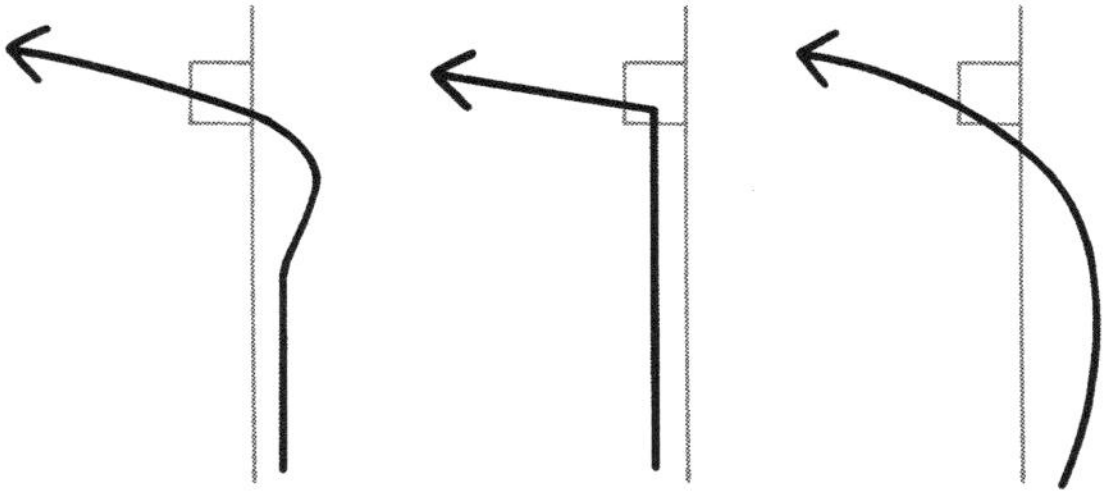

①オーバーラン　②ほぼ直角　③円状に走り抜ける

　さて、野球を知っている人も、知らない人も、あなたが指揮官だったら、図①、②、③のどのタイプで「走れ！」と命じますか？

　ランニングスピードは、重心移動の速さであることは、第四章で述べました。もし走っていて重心位置が揺れるマイナス面がない、と仮定した場合、図①のコース取りでは、直線方向に進んだ重心はいったん右に方向を変え、さらに左回転をする、と抵抗を受けてしまいます。特に、野球は左回りなのに右に方向を変えるのは、合理的とは言えません。ただ実戦の場面では、必要な場合もあるので、すべてが不必要というわけではありません。

　図②は、理想的でした。今から20年近く前、キューバ・ナショナルチームがメジャーよりも強い、と言われた頃がありました。彼らが来日して見せてくれたベースランニングはこのスクエアベースランニングでした。スタジアムで練習を見ていたボクは、その技術力があまりに衝撃的で、何度も試みました。しかし、直角に近い状態で曲がるこの走法は、減速率が非常に高く、再加速を余儀なくされます。仮に減速と加速がほとんど必要のない、超高度な技術が存在したとしても、すべての人が幸せになるような方法ではありません。もし本書が発行されたのちに、「誰もが出来る—等速—直角曲がり走行！」を編み出したら、また本を出しますね。

というわけで、正解は図③です。

この図のように、加速をして、ベースを円に近い状態で回りながら、ほとんど減速をせずに走れば、走り始めから走り終わりまでのタイムが上がります。

回る走り方を体得しよう！

回る走り方は、たったふたつのことをすれば、速くなります。

え？　からだを内側に傾ける？

違います。

左肩を中心に回る

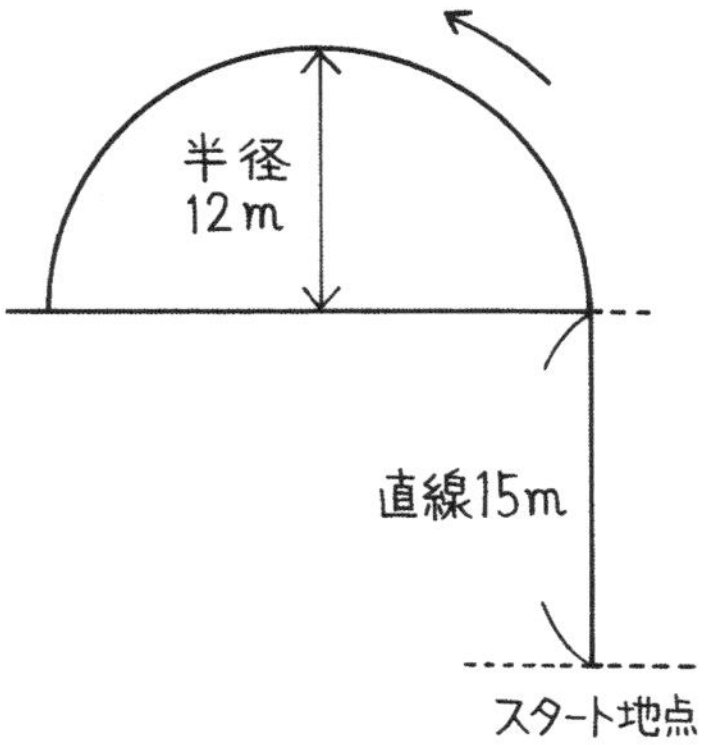

サークル走の練習

まずは、反時計回り（左回り）に走ることを想定して、その場で立ったまま次のことをしてください。

①内側の肩（左肩）を中心にして、外側の肩（右肩）を左肩の前に出す
②身体正面（へそ）を回転軸（左）の方に向ける

まっすぐに立って、このふたつをするだけで、勝手に左側前方に倒れこみます。従って、反時計回りに走るときには、無理やり内側に傾けるのではなく、右肩を前に出して、へそあるいは胸を内側に向けて走ると、とてもスムーズに走ることができます。

サークル走という練習方法を紹介します（前頁参照）。
半径12ｍの半円を作ります。10ｍから15ｍ程度であれば、何ｍでもかまいません。半円は、ラインを引いても、あるいはマーカーを何枚か置いて半円を描いても良いです。15ｍの直線で加速をして、この半円を走るだけです。速いスピードで走ってください。

そのスピードを生かすため外側の肩を内側前に出し、身体の正面を内側に向けてください。

きっと気持ちいいくらい、速く回れます。

勘の良い選手は、1、2回でコツをつかみます。

走り方を覚えてくると、最初の加速した速さから、ほとんど減速しないで走ることができるようになります。

この走り方の特徴は、身体が進行する方向を作り、自然に回るということです。

半径が小さくなると、速いスピードを維持して走るのは難しくなります。その場合は、歩幅を狭くしてステップワークを速くして回ると最善の速さで走ることができます。

速さは計らない！　ストップウォッチの使い方

専門的なことが続いて、ちょっとくたびれてきたでしょうか。

ボクは、100mを9秒台で走ることも大切だと思いますが、自然な形で、誰もが速く走れる楽しさを味わってもらえたらいいなあ、と考えています。

この本を読んでいる皆さんに、何度でも伝えます。

速く走る感じ、って、とても楽しいし、面白いですよ。

2日くらいで、感覚を持てる人もいるし、3年くらいかかる人もいます。

面白くなると、たくさん走る苦痛なんて、全然伴わないと思います。


さて、物事にはすべて、本題だけでは済まないことがたくさんあります。

勉強するには、本、ノート、筆記用具、勉強するための場所、調べるための辞書もしくはネット環境が必要です。

このことを準備、といいます。

走るにも、準備が必要です。皆さんが思い浮かべる「走るための準備」って、何でしょうか。

う〜ん。読者の皆さんなら、何が出てくるかな。

準備体操、シューズ、ウエア（冬なら防寒着も）。

帽子、水、ストップウォッチ？

そうそう、ストップウォッチのことについて、話をしなければいけません。速く走ろうと思ったら、ストップウォッチを使いますか？　それとも、ただ単に走るだけですか？

ここでまた質問しましょう。

あなたはいつも、ダッシュ、ランニングをする時、ストップウォッチは使いますか？

次の中からひとつ選んでください。

①いつもストップウォッチで計る
②時々、ストップウォッチで計る
③ほとんど計らない
④ストップウォッチを使ったことがない

速く走りたいのであれば、距離とタイムはわかった方がいいです。

しかし今までも、速く走りたいがゆえに、無我夢中で走ることや、力んでしまって本来の走り方を覚えないことに、大きな問題がある、とお伝えしました。

「無理やりいつも走らされているから、速く走ろうなんて思わない」という人は、かわいそうです。走るのはとっても奥深いのに。楽に走れるのに。もう少し、自分を大切にしてあげた方がいいなあ、とボクは思います。

スタートから加速をして、トントン（バウンシング）に切り替えます。全力で走らなくても良いです。こんな感じかな？　を何度も繰り返して、「自分の中の正解」を導いてください。

この時は、ストップウォッチは不要です。使いません。

「いま、何秒で走った？」は、勝気な人ほど気になるし、アンテナタイプやのんびりしている人は、何秒で走ったかは、あまり気になりません。

速く走りたくて、走りたくて、仕方ない人ほど、ストップウォッチから離れましょう。

自分の中の「いい感じ」を何度も生み出して、そして自分の中の核心を作り出してください。自分ファーストですね。

自分のタイムが全然気にならない人は、ストップウォッチを気にしましょう。あなたが、もし自分の感覚を見つけるのが上手な人で、最初から自分自身で感覚を見つけることが好きな人なら、タイムなんてどうでもいい人が多いでしょうね。楽しいだけならいいんですけど、それだけじゃあ、おそらくダメです。もう少し気にしましょう。

この2タイプは極端な例です。当然ながら、どちらでもない人もたくさんいます。走る練習をする時には、ストップウォッチを使って構いません。でも、ストップウォッチで計ったタイムは、「自分が走ってみた感じの確認」として使います。それで十分です。

①あなたが、全力で走ったタイムを計ってみてください

②あなたが、一番感じが良いな、と思ったタイムを計ってみてください

③もう一度②と同じことを、やってみてください

④仲間がいたら、同じことをやらせてみて、そしてそれを見てください
⑤また走ってみましょう

少しずつ、いろいろなことが見えてきます。

自分の身体を上手に使おう

股関節を動かす

走り方について、皆さんと一緒にいろいろと考えてきました。

今まで一貫して、走り方をよくすることで、ランニングスピードは速くなりますよ、走り方をよくすると、足が着く安定度が増しますよ、とお伝えしてきました。

走り方を良くするには、目指す動き方が自然にできるに越したことはないのですが、自然によくなりにくい場合があります。また、良くなってきたら、もっと速くなりたい、と思う人も出てくると思います。

特に、身体がガチガチにかたい人や、脂肪、筋肉にかかわらず太り気味な体質の人は、

走ることに苦手意識が強い人が多いでしょう。動きにくい人は、走りにくいのです。「走り方」を伸ばしていって効果が上がりやすい方法は、股関節を動かして下肢の動きに自由度を高める方法です。

胴体と、2本の脚がつながっている場所を、股関節と言います。脚が2本ありますから、股関節も2か所あります。胴体側は、臼《うす》状になっていて、その臼の中に、深く大腿《だいたい》骨が組み込まれています。大腿骨は、全部がまっすぐな骨ではなく、端が「く」の字のように曲がっていて、丸くなっています。

臼と大腿骨がつながって出来ている股関節は、脚を様々な方向に動かせるようにできています。

まっすぐに立ってください。皆さんは、自分の脚をどのように動かすことができますか？

脚を前に上げる（屈曲）
上げた脚を下ろす（伸展）
脚を外に広げる（外転）

外に広げた脚を内側に動かす（内転）
脚を内側にひねるように回す（内旋）
脚を外側にひねるように回す（外旋）

という動きをします。スポーツでは、脚がまっすぐ単純に曲げ伸ばしだけすることは、ほとんどありません。

例えばバスケットボールでは、右にドリブルをして突然、左側に切り替えるとき、右脚を強く踏み込み、角度を急激に変える右股関節は、複雑に、そして強弱や動きの方向を絶妙にコントロールします。

したがって股関節は、下半身を司《つかさど》る重要関節です。股関節の働きがいいと、脚をたくさん、思い通りに動かせそうです。逆に、股関節の働きが悪いと、脚が重たくて、動きがにぶくなりそうです。

いままで、たくさんの高校生、大学生を含む選手を見てきましたが、もともと股関節が柔らかく使える、という選手はあまりいませんでした。大半の選手は、股関節がかたくて、動きにくそうにしています。

一般の大人なら、なおさら言えます。普段あまり運動していない場合、股関節もあまり使わないですから、まるで肩こりを起こしているかのごとく、ガチガチになっている人が多いです。胴体と脚が、一緒になって固まっているのですから、不自由さはすでに始まっているのです。

ところが、股関節の運動を通してよく動いてくると、自分が股関節を十分に使っていなかったのだ、と気が付きます。ヒザが無理なく上がり、歩く歩幅が広がり、階段などもスムーズに上れるようになるでしょう。

股関節に接合している筋の数は、20以上にもわたります。それらの筋は、ひとつひとつが個人プレーをしているわけではなく、幾つもの筋が複合的に連係プレーをして活動しています。股関節の働きをよくするためには、その場のストレッチングをするのではなく、動かしながら柔らかくなるダイナミックストレッチをすると良いです。

このダイナミックストレッチは、ボクの師匠ケン・マツダ直伝です。ボク自身、初めてアメリカで教わったときは、股関節が指示通りに動かなくて、「日本に帰れ！」と何度罵倒されたことかしれません。それでも、朝、昼、晩と繰り返すうちに、自然と脚が動くようになり、動きが改善されるようになりました。ついでに、若い頃は毎日のように悩まされ続けた腰痛も、いつの間にやら消えてしまったという、ありがたいトレーニング方法です。ちなみに、今でも時々、ダイナミックストレッチをするのですが、ボクは腰痛や肩こりがほとんど起きません。お金がかからないのが、一番うれしいところです。

股関節を柔らかくする目的を持つ運動ですから、ウォーミングアップやランニング後のトレーニングの一部として導入してください。

股関節トレーニング例

図を参照してください。あまり難しいものではありません。

片脚の運動ですから、左右15回を目安にやってみてください。だいたいこんな感じで

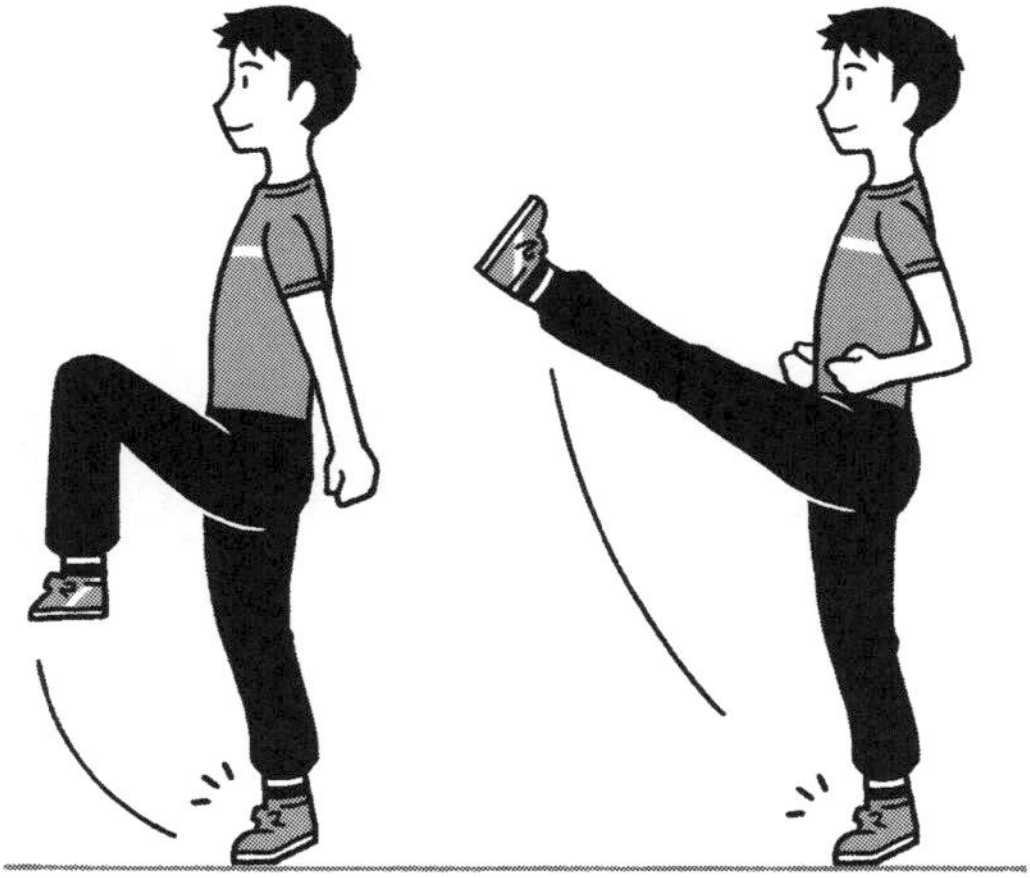

①ヒザの上げ下ろし　②一度脚を伸ばしてから下ろす

③その場でターン

やってみると良いでしょう。

① 立ち姿勢　ヒザの上げ下ろし
② 立ち姿勢　伸ばした脚の上げ下ろし
③ 前後開脚　前脚をかかと立ちでターンを繰り返す
④ 四つん這《ば》い　ヒザの回旋（逆回旋も）
⑤ うつ伏せ　片ヒザを身体の横まで上げ下ろし

運動の特性として、初めて行うことに対しては、身体が動きにくく、ギクシャクします。特に股関節を動かすことに関しては、最初から動きやすい人なんてほとんどいないも同然。少しずつやりながら、出来る範囲を広げていけばよいです。

また、関心があるなら、たくさんの運動法がありますから、チャレンジしてみてはどうでしょうか。

④股関節をできるだけ大きく動かすように意識しよう

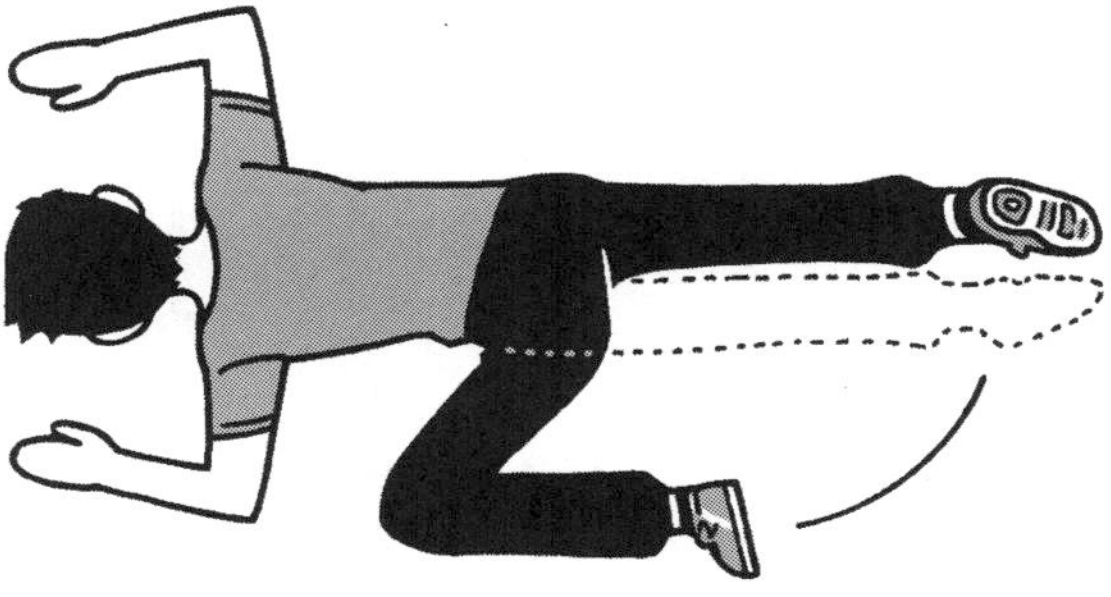

⑤ヒザからグイッともってくる感じ

速く股関節を動かす

速く走るには、あなたの最大の可能性を引き出すために、いろいろな角度からアプローチする必要があります。

股関節を動かす準備とともに、股関節を速く動かす方法も同時展開しましょう。

最も簡単な方法が、その場で脚を上げ下ろしする、その場モモ上げのような動き方です。まっすぐな姿勢を保ち、両方のヒジを良く振って、出来るだけ大きく、出来るだけ速くその場モモ上げをしましょう。この時の注意は、ヒザを上げようとすると、支持脚のヒザが曲がってしまいます。本書で紹介したように、つぶれないで速く動かしてください。

その場で動かす、というのは、移動しないので、バランス良く両手、両脚を速く連動させて動かすことができます。10秒で何回脚を動かすことができるか、15秒で何回できるか、など単純に回数を目安にやっても効果はあります。

股関節の働きを支える多くの筋肉は、短時間に速く収縮することを学習します。

特に長身の選手は、長い手足をコントロールするのがちょっと苦手です。小さく速く動かすのではなく、大きく速く動かす努力をして、関節が安定してくる近い将来、速く動くことが出来る準備をします。

股関節を大きく動かすために、ミニコーンや、ペットボトル、ミニハードルなどの少し高さがある器具などをおよそ1m間隔で3~5台並べ、脚を速く動かして横に移動してもいいです。道具を使うことによって、無意識にヒザを大きく動かそうとします。あるいは、軽い負荷をかけて、少しだけ動きにくくします。

動きにくい条件をつければ、はじめのうちは回数が少なくなりますが、何度かの練習によって、回数が徐々に増えていきます。その過程で筋が強化されていきます。

足についてやってほしいこと

シューズの選択

スポーツ店に行くと、いろいろなタイプのシューズがたくさん売っています。どんなシューズを選べばいいのか、皆さんは迷いませんか？

ここでは、普段履くシューズについて考えていきましょう。

おおむね、ランニングシューズ、トレーニングシューズ、競技用シューズに分かれます。競技用シューズとは、テニスシューズやバスケットボールシューズなど、それぞれの用途がシューズの前に記されています。

ボクは、シューズの選択は、練習をどうしたいか、によって決めるべきだと思います。


ボクがいつも履いているシューズは、5足です。用途によって使い分けています。

まず、1時間くらいの散歩などには、軽くて少し緩く、立った時の安定性が良いトレーニングシューズを履いています。ソール（靴底）はやや広めです。5000円前後です。普段履きにも使うので使用頻度が最も高く、履き心地が優先です。履きつぶすのに、だいたい1年くらいです。

仕事で最も多い、人工芝のグランドでは、フットサルシューズを履いています。大切なのはソールに小さな突起がたくさんあることと、動きやすいことです。重いか軽いかは、ほとんど問いません。やや重ければシューズのサポート性、安定性が高くなる傾向が強いです。軽すぎると、側面が崩れやすい傾向が強くなり、消耗も激しいです。人工芝グランドにも、チップ（小さな粒状ゴム）が敷き詰められているタイプ、人工芝が長めで柔らかいタイプ、カーペット状のタイプ、人工芝と天然芝の両方が張り付けてあるハイブリッドタイプ、などいろいろとあります。小さな突起がたくさんあるシューズは、人工芝にグリップしやすいので、自分の感覚を伝えやすい利点があります。フットサルではなく、突起の多いトレーニングシューズでも良いです。5000円くらいで、3〜4年使います。

走るだけの時には、ランニングシューズを使用します。走る感覚は、地面に突く感覚なので、土踏まずの部分の面積が小さいタイプを選んでいます。ソールが小さい方が、感覚が鋭くなります。ボクは、やや横幅（ワイズ）が広い足型をしているので、ワイズ表示が4Eの方が楽なのですが、4Eで走りやすいな、と感じたシューズに出会ったことはまだ一度もありません。ですから、1サイズ大きくて幅がきついシューズを履くようにしています。また、ヒール（かかと）部分がしっかりしていて不安要素が少ないものを選ぶようにしています。4000~8000円くらいです。

きつめに紐《ひも》を締めるのは、速く走るときの基本です。ただ、いつもきついシューズを履いていると、足に圧迫感があって痛くなるし、シューズの消耗が早くなります。使い分けをした方が、長持ちします。きつく紐を結ぶシューズは、脱ぐときには必ず紐を解きます。

体育館で履いているのは、バレーボールシューズです。体育館もスリップしやすいフロアやハンドボールコートのように固いフロアもありますので、グリップしやすいゴムでスリット（切れ目）が多くあるものを選んでいます。ヒール（かかと）とサイド（横）サポートは、必要です。これは友人にいただいたものなので、タダです。10年使っています。

そして、ウエイト場で履くシューズです。トレーニングシューズを使用しています。選手を注意したり見本を見せるためにウエイト場をウロウロしますが、すべての練習は目的のために行いますから、動きにくいシューズでトレーニングを実施することはありません。よって、ソールはフラットなタイプで、履いた瞬間に安定性が高い、と感じられるものを使用しています。もう七年履いています。5000円です。

シューズをどう使いたいか、が選択する際の決め手だということがわかってもらえると嬉《うれ》しいです。共通して言えることは、軽いシューズは確かに魅力的かもしれないのですが、優先順位の一位ではありません。野球やサッカーなど、横の動きやストップ動作を多くする場合は、ランニングシューズやマラソンシューズを選ぶのは、避けた方がいいです。使用する目的が違うので、摩耗する部分がシューズのつま先部分に集中している人をたくさん見てきました。

シューズは、使用頻度が高いとくたびれてきます。中だけが傷んでいる場合は、インソール（シューズの中敷き）を替えると、シューズがよみがえって履き心地が良くなる場合があるので、覚えておいて損はないです。高額なインソールではなく、1000円前後のインソールでも十分です。

シューズを長持ちさせる秘訣《ひけつ》があります。第1に、歩き方、走り方を良くすることです。ソールの外側、かかと側がすり減っている人は、傷みが激しいですから、ぜひ直してください。まっすぐに歩けば、シューズはかなり傷みにくくなります。次に、シューズの上にはのらない事です。シューズを踏むと型が崩れます。かかとを踏むのも禁忌事項です。かかとを一度でも踏めば、そのシューズの価値はマイナスです。

シューズはあなたのベストパートナーであるべきです。大切に履いてください。

足の指を動かそう

足の指が動かない人が大勢います。足指でグーパーができますか？

5本指がパアーッと開かない人が多そうです。また、外反母趾《がいはんぼし》といって、親指が「くの字」に曲がってしまい、人差し指の方に食い込んでいる人も多くいます。

足の指が使えないのは、良くないなあ〜と、いつも思うし、見るたびに「足の裏、使えてないいな」とひとこと。

一般的な対処の仕方として、タオルギャザーがあります。床にタオルや新聞紙を敷いて、裸足《はだし》になってのり、足の裏や指を使って集めていく方法です。何度も繰り返すことによって、足の裏の筋肉を動かして健全な状態に戻していきます。

また、お風呂に入ったら、手の指と足の指を組んで、20回くらいお互いに握り合いをしてください。最初は痛くて、足の指の間に手指が入らないかもしれませんが、次第に入るようになります。なかなか動きにくく、できないニギニギも、徐々にできるようになってきます。

いずれも、自分の足裏や指を、自発的に動かすことが大切です。

でもね、本当のことをいうと、裸足でたくさん遊ぶのが、足指や足の裏の発達にはとても良いのです。安全や危機管理が問われるのはわかるけれど、裸足で遊ぼうよ、裸足で走ろうよ。

土や芝生の上を、凹凸や温かさ、冷たさを感じながら遊ぶ。そうしながら、力が伝わる「足」は、感知する能力も備わっていきます。

おわりに

空気が冷たくなってきた秋の午後、本書の打ち合わせで筑摩《ちくま》書房の一階で担当の鶴見さんと東さんに、こうやって走ると速くなるんですよ、と説明していた時です。受付をされている三人の女性が興味ありそうな顔で近くに寄って来られました。「やってみますか?」「はい、ぜひ!」とミニセミナーがスタート。数分して、「その感じです!」とボクが声を掛けたら、満面の笑みを浮かべて、「うれしい! 足が速くなるかしら!」。ボクは、スポーツの、人間の、こういうところが好きです。

そろそろ終わりが近づいてきました。

ほとんどのスポーツは、動きますし、走ります。

かなり前になりますが、動く指導をたくさんしたあと、弓道の全国大会で入賞歴がある先生からこのように言われました。

「弓は、最初から最後まであまり動かないので、中心の位置がわからなくなったりボンヤリしてしまったら、（中心が）見つけられなくなります。今日の講習で、平岩さんは、たくさん動かすことで、自然に中心の位置を教えてくれました。だから、弓の稽古の中に、動くことを入れるとすごく役に立つように感じました」

とてもうれしい感想でした。止まっている武道、スポーツでも、動くことによる発見、メリット、理解が得られたということでした。しかも、動くことの本質として、筋力や持続力などの効果とは、まるで違うことに気が付いてくれたのですから。

部活は、時には無理強いをすることもあります。

でも、若い皆さんが知っている知識や経験よりも、長い年月に耐えてなお世界中のチームで支持されている方法は、すでに「核」となる部分をもっているのです。それから比べれば、最近流行《はや》りの練習方法なんて、あまい、あまい。核心は、すでに生まれ育っています。

部活で走ることには、大きなメリットがあったのです。

と同時に、若い皆さんしか持っていないものがあります。無鉄砲、やんちゃ、元気、チャレンジ精神、無邪気さ、活発、陽気、明るさ、勇気。

前進する源は内面のエネルギーです。これを消失させる大人は、理解が不足していきます。四方八方に撒《ま》き散らかしたエネルギーは、やがて高度な技術へと転換されていくでしょう。

走ることには、天才と言われるような人しか持ちあわせない走り方がありました。さすがに、この高度な技術は自然に獲得できる代物ではなく、有史以来99％以上の人は「才能がない」と切り捨てられていました。走ることは、二足歩行動物が誰でも勝手にできる日常様式であるため、「もうひとつ上」があることを知らなかったのです。本書中のトントン感覚で、技術開拓をしてみてください。

そのいくつもの面倒くさい作業が「自分が自分を育てる」過程（プロセス）です。走らされるばかりでなく、アンテナを巡らせ、過程を経て、それだけで、加速し、脚が速くなる過程は自動化され、あなた自身が最適化されていきます。

最適化されれば、また次の課題は何かな？　と探す面白さへと突入していきます。

最後に、教えることしか能のないボクに、執筆の貴重な機会をくださった筑摩書房、ちくまプリマー新書編集部の皆様、ありがとうございます。特に、稚拙な構成と乱文が素晴らしい本に変身したのは、自称体育会系、鶴見智佳子さんのおかげです。ありがとうございます。それからボクは、良き先生、師匠、先輩、友人、選手たちに恵まれました。皆様に支えられているおかげです、ありがとうございます。

そして、毎日を真面目に豆腐屋を営みながら育ててくれた両親に、精一杯感謝します。

ちくまプリマー新書

226
何のために「学ぶ」のか
――〈中学生からの大学講義〉1
外山滋比古
前田英樹
今福龍太
永井均
池内了
管啓次郎

大事なのは知識じゃない。正解のない問いを、考え続けるための知恵である。変化の激しい時代を生きる若い人たちへ、学びの達人たちが語る、心に響くメッセージ。

227
考える方法
――〈中学生からの大学講義〉2

世の中には、言葉で表現できないことや答えのない問題がたくさんある。簡単に結論に飛びつかないために、考える達人が物事を解きほぐすことの豊かさを伝える。

228
科学は未来をひらく
――〈中学生からの大学講義〉3
村上陽一郎
中村桂子
佐藤勝彦

宇宙はいつ始まったのか？　生き物はどうして生きているのか？　科学は長い間、多くの疑問に挑み続けている。第一線で活躍する著者たちが広くて深い世界に誘う。

229
揺らぐ世界
――〈中学生からの大学講義〉4
立花隆
岡真理
橋爪大三郎

紛争、格差、環境問題……。世界はいまも多くの問題を抱えて揺らぐ。これらを理解するための視点は、どうすれば身につくのか。多彩な先生たちが示すヒント。

230
生き抜く力を身につける
――〈中学生からの大学講義〉5
大澤真幸
北田暁大
多木浩二

いくらでも選択肢のあるこの社会で、私たちは息苦しさを感じている。既存の枠組みを超えてきた先人達から、見取り図のない時代を生きるサバイバル技術を学ぼう！

ちくまプリマー新書

132
地雷処理という仕事
――カンボジアの村の復興記
高山良二
カンボジアで村人と共に地雷処理をするかたわら、村の自立を目指し地域復興に奔走する日本人がいる。現地から送る苦難と喜びのドキュメント。〈天童荒太氏、推薦〉

154
東南アジアを学ぼう
――「メコン圏」入門
柿崎一郎
〝メコン圏〟構想のもとで交通路が整備され、国境を越えた人やモノの動きが増加する東南アジア。「戦場」から「市場」へとダイナミックに変化する姿を見にゆく。

185
地域を豊かにする働き方
――被災地復興から見えてきたこと
関満博
大量生産・大量消費・大量廃棄で疲弊した地域社会に、私たちは新しいモデルを作り出せるのか。地域産業の発展に身を捧げ、被災地の現場を渡り歩いた著者が語る。

047
おしえて！　ニュースの疑問点
池上彰
ニュースに思う「なぜ？」「どうして？」に答えます。今起きていることにどんな意味があるかを知り、自分で考えることが大事。大人も子供もナットク！の基礎講座。

239
地図で読む「国際関係」入門
眞淳平
近年大きな転換期を迎えていると言われる国際関係。その歴史的背景や今後のテーマについて、地図をはじめ豊富な資料を使い読み解く。国際情勢が2時間でわかる。

ちくまプリマー新書298

99%の人《ひと》が速《はや》くなる走《はし》り方《かた》

二〇一八年五月十日　初版第一刷発行

著者　平岩時雄（ひらいわ・ときお）

装幀　クラフト・エヴィング商會

発行者　山野浩一

発行所　株式会社筑摩書房
東京都台東区蔵前二-五-三　〒一一一-八七五五
振替〇〇一六〇-八-四一二三

印刷・製本　中央精版印刷株式会社

ISBN978-4-480-68321-2 C0275 Printed in Japan

乱丁・落丁本の場合は、左記宛にご送付ください。
送料小社負担でお取り替えいたします。
ご注文・お問い合わせも左記へお願いします。
〒三三一-八五〇七　さいたま市北区櫛引町二-六〇四
筑摩書房サービスセンター　電話〇四八-六五一-〇〇五三